Peter Brook · Der leere Raum

Peter Brook

Der leere Raum

Aus dem Englischen von Walter Hasenclever

Alexander Verlag

Die Originalausgabe erschien 1968 unter dem Titel
»The Empty Space« bei MacGibbon & Kee Ltd, London.
Re-issued by Granada Publishing in Hart-Davis,
MacGibbon Ltd, 1977.
© Peter Brook 1968.

Fotomechanischer Abdruck der ersten deutschen Ausgabe von 1969,
Verlag Hoffmann und Campe, in der Übersetzung von
Walter Hasenclever.

Zweite Auflage 1985

© der deutschsprachigen Ausgabe Alexander Verlag, Berlin 1983
Alle Rechte vorbehalten
Druck: Poeschel & Schulz-Schomburgk, Eschwege.
Bindung: Buchbinderei Ludwig Fleischmann, Fulda.
Umschlag Michael Klein, Stefan Wewerka, Köln, unter Verwendung
einer Zeichnung von Oskar Schlemmer (aus: O. Schlemmer,
L. Moholy-Nagy, F. Molnar, »Die Bühne im Bauhaus«, mit freund-
licher Genehmigung des Florian Kupferberg Verlags, Mainz/Berlin).
Printed in Germany 1985
ISBN 3-923854-02-1

Für meinen Vater

Dieses Buch basiert auf vier Vorlesungen, die Peter Brook unter dem Titel »The Empty Space: The Theatre Today« an den Universitäten von Hull, Keele, Manchester und Sheffield gehalten hat.

Inhalt

I

Das tödliche Theater

Ich kann jeden leeren Raum nehmen und ihn eine nackte Bühne nennen. Ein Mann geht durch den Raum, während ihm ein anderer zusieht; das ist alles, was zur Theaterhandlung notwendig ist. Allerdings, wenn wir vom Theater sprechen, meinen wir etwas anderes. Rote Vorhänge, Scheinwerfer, Blankverse, Gelächter, Dunkelheit - alles dies ist wahllos zu einem wirren Bild übereinanderkopiert und unter einen Allzweckbegriff subsumiert. Wir sprechen davon, daß der Film der Tod des Theaters sei und beziehen uns mit diesem Satz auf das Theater zur Zeit der Entstehung des Films, ein Theater mit Kasse, Foyer, Klappsesseln, Rampenlichtern, Szenenwechsel, Pausen, Musik, als sei das Theater wesentlich das und wenig mehr.

Ich will versuchen, den Begriff vierfältig aufzuspalten und ihn durch vier verschiedene Definitionen zu kennzeichnen - will daher von einem ›tödlichen Theater‹, einem ›heiligen Theater‹, einem ›derben Theater‹ und einem ›unmittelbaren Theater‹ sprechen. Manchmal sind diese vier Theaterarten tatsächlich vorhanden und nahe benachbart: im Westen von London oder in New York unweit Times Square. Manchmal gibt es sie Hunderte von Meilen voneinander entfernt, das Heilige in Warschau, das Derbe in Prag, und manchmal sind sie metaphorisch: zwei gehen an einem Abend, in einem Akt ineinander auf. Manchmal sind einen einzigen Augenblick lang alle vier, das Heilige, Derbe, Unmittelbare und Tödliche, ineinander verwebt.

Das tödliche Theater kann man auf den ersten Blick daran erkennen, daß es schlechtes Theater ist. Da es die Theaterform darstellt, die wir am häufigsten zu sehen bekommen, und da es dem verachteten, viel geschmähten kommerziellen Theater am nächsten steht, könnte jede weitere Kritik wie Zeitvergeudung erscheinen. Aber wir müssen erst sehen, wie das Tödliche täuschen und überall auftreten kann, um das Problem in seinem Umfang zu begreifen.

Die Lage des tödlichen Theaters ist zumindest ziemlich offenkundig. In der ganzen Welt hat sich das Theaterpublikum verringert. Es gibt gelegentlich neue Bewegungen, gute neue Schriftsteller und so weiter, aber im großen und ganzen fehlt dem Theater nicht nur die Erhebung und Belehrung, sondern auch die Unterhaltung. Man hat das Theater oft eine Hure genannt, womit man meinte, daß die Kunst unrein ist, aber heute bewahrheitet sich das in einem anderen Sinne - Huren bieten für das gezahlte Geld nur spärliche Lust. Die Broadway-Krise, die Paris-Krise, die West-End-Krise sind sich gleich: es bedarf nicht der Theaterkassen, um festzustellen, daß das Theater ein tödliches Geschäft geworden ist und das Publikum den Braten riecht. Wenn das Publikum wirklich einmal die Unterhaltung verlangte, von der es so oft spricht, dann wüßten wir alle kaum, woher nehmen und nicht stehlen. Ein richtiges Theater der Freude existiert nicht, und nicht nur die

Trivialkomödie oder das schlechte Musical bleiben uns etwas schuldig - das tödliche Theater findet tödlichen Eingang in die Große Oper, die Tragödie, die Dramen Molières und die Stücke Brechts. Selbstverständlich nistet es sich nirgends so sicher, behaglich und listig ein wie bei William Shakespeare. Das tödliche Theater kommt leicht zu Shakespeare. Wir sehen seine Stücke mit guten Schauspielern und scheinbar richtig inszeniert - sie geben sich lebendig und farbig, man spielt Musik, und alle sind in feiner Kluft, wie es sich im besten klassischen Theater gehört. Aber insgeheim finden wir's sterbenslangweilig und schieben's im Herzen entweder auf Shakespeare oder das Theater als solches oder gar auf uns selber. Denn zu allem Unglück gibt es auch immer einen tödlichen Zuschauer, der aus besonderen Gründen die mangelnde Intensität oder sogar Unterhaltung begrüßt, wie zum Beispiel den Gelehrten, der die Routineaufführungen eines Klassikers mit einem Lächeln verläßt, weil ihn nichts im Wiederkäuen und Bekräftigen seiner Lieblingstheorien gestört hat, wenn er seine Lieblingszitate leise mitsprach. Im Herzen wünscht er sich sehnlichst ein Theater, das edler ist als das Leben und verwechselt eine Art intellektueller Befriedigung mit dem wahren Erlebnis, das er erstrebt. Unseligerweise leiht er das Gewicht seiner Persönlichkeit der Langeweile, und so geht das tödliche Theater munter weiter.

Wenn man die jährlich herauskommenden großen Theatererfolge betrachtet, dann gerät man einem seltsamen Phänomen auf die Spur. Man erwartet, daß der sogenannte Hit lebhafter, rascher, spritziger ist als der Durchfall - aber das stimmt nicht immer. In fast jeder Spielzeit gibt es in den meisten theaterfreudigen Städten einen großen Erfolg, der dieser Regel zuwiderläuft: ein Stück kommt an, nicht *obgleich*, sondern *weil* es langweilig ist. Schließlich verbindet man mit der Kultur ein gewisses Pflichtgefühl, historische Kostüme und lange Reden mit dem Gefühl der Langeweile: also ist das richtige Maß an Langeweile nur die beruhigende Garantie für ein lohnendes Ereignis. Natürlich ist diese Dosis so schlau bemessen, daß man unmöglich eine genaue Formel dafür finden kann - zu viel, und das Publikum wird aus den Sitzen gescheucht, zu wenig, und es findet vielleicht das Theater unangenehm eindringlich. Aber mittelmäßige Autoren scheinen sich ohne Fehl auf die richtige Mischung zu verstehen - und sie verewigen das tödliche Theater mit öden Erfolgsstücken, die aber allgemein gepriesen werden. Das Publikum giert nach etwas im Theater, das es als »besser« bezeichnen kann als das Leben, und ist aus diesem Grunde bereit, die Kultur, oder ihre Requisiten, mit etwas zu verwechseln, was es nicht kennt, von dem es aber dunkel spürt, daß es existieren könnte - und dadurch, daß es etwas Schlechtes zum Erfolg erhebt, betrügt es tragischerweise nur sich selbst.

Wenn wir von ›tödlich‹ sprechen, wollen wir zu bedenken geben, daß der Unterschied zwischen Leben und Tod, der beim Menschen so kristallklar ist, auf anderen Gebieten etwas im Zweifel bleibt. Ein Arzt kann auf der Stelle zwischen Spuren des Lebens und dem nutzlosen Knochensack unterscheiden, den das Leben verlassen hat. Dagegen fällt uns die Beobachtung viel schwerer, wie eine Idee, eine Auffassung oder eine Form den Übergang vom Lebendigen zum Todgeweihten vollzieht. Es ist schwer zu definieren, aber dennoch kindlich leicht. Hier ein Beispiel. In Frankreich gibt es zwei Schulen, die klassische Tragödie zu spielen. Eine ist unverblümt traditionell, und das bedeutet eine besondere Stimmlage, ein besonderes Gebaren, einen edlen Blick und eine gehobene musikalische Deklamation. Die andere Schule bringt nicht mehr als eine etwas andere und lauere Fassung derselben Sache. Majestätische Gesten und königliche Werte verschwinden schnell aus dem alltäglichen Leben; daher findet jede neue Generation den großen Stil immer hohler und sinnloser. Deshalb begibt sich der junge Schauspieler auf eine zornige und ungeduldige Suche nach dem, was er Wahrheit nennt. Er will seine Verse realistischer ausspielen, will sie wie echte, unverfälschte Rede klingen lassen, findet jedoch, daß das Geschriebene in seiner Formalität so starr ist, daß es sich seinen Versuchen widersetzt. Er wird zu einem unbefriedigenden Kompromiß gezwungen, dem weder die Frische der natürlichen Rede eigen ist noch das trotzig Histrionische dessen, was wir Schmiere nennen. Daher wirkt sein Spiel schwach, und da die Schmiere stark ist, gedenkt man ihrer mit einer gewissen Wehmut. Zwangsläufig verlangt jemand, daß die Tragödie so gespielt wird, »wie sie geschrieben ist«. Das läßt sich durchaus hören, nur kann uns leider das gedruckte Wort allein verraten, was aufs Papier gesetzt wurde, nicht wie man es einst zum Leben erweckt hat. Es gibt keine Schallplatten, keine Tonbänder - nur Fachleute, die aber ihre Kenntnis selbstverständlich auch nicht aus erster Hand haben. Das echte Alte ist ganz verloren - nur einige Imitationen sind erhalten geblieben, in Gestalt traditioneller Schauspieler, die immer noch im traditionellen Stil spielen und ihre Inspirationen nicht aus alten Quellen beziehen, sondern aus eingebildeten, wie der Erinnerung an die Töne eines verflossenen Schauspielers - Töne, die ihrerseits der Erinnerung an den Stil eines Vorgängers entstammten.

Ich habe einmal eine Probe in der Comédie Française miterlebt - ein ganz junger Schauspieler stand vor einem sehr alten und sprach und mimte die Rolle mit ihm wie ein Spiegelbild. Man sollte so etwas nicht mit der großen Tradition etwa der No-Spieler verwechseln, die ihr Wissen mündlich vom Vater auf den Sohn überliefern. Dort ist es ein Inhalt, der überliefert wird - und ein Inhalt gehört nie der Vergangenheit an. Er kann im gegenwärtigen Erleben eines jeden Mannes nachgeprüft werden. Aber die Nachahmung der schauspielerischen Äußerlichkeiten verewigt nur die Manier, die man kaum zu irgend etwas in Beziehung setzen kann.

Auch bei Shakespeare hören oder lesen wir immer die Mahnung: »Spiele, was geschrieben steht.« Aber was steht geschrieben? Gewisse Zeichen auf Papier. Shakespeares Worte sind Aufzeichnungen der Worte, die er sprechen lassen wollte, Worte, die als Laute aus dem Mund der Menschen kommen, mit Stimmlage, Pause, Rhythmus und Geste als Bestandteilen des Sinns. Ein Wort beginnt nicht als Wort - es ist ein Endprodukt, das als Impuls anfängt und, durch Überzeugung und Verhalten beflügelt, den notwendigen Ausdruck findet. Dieser Vorgang spielt sich im Schriftsteller ab und wiederholt sich im Innern des Schauspielers. Beide sind sich vielleicht nur der Worte bewußt, aber für beide, den Autor und den Schauspieler, ist das Wort nur ein kleines sichtbares Teilchen eines riesigen unsichtbaren Gebildes. Manche Dramatiker bemühen sich, ihre Sinngebung und Absichten in Bühnenanweisungen festzulegen, aber uns fällt unweigerlich auf, daß sich die besten Dramatiker am wenigsten erklären. Sie erkennen, daß weitere Anweisungen höchstwahrscheinlich zwecklos sind. Sie erkennen, daß die einzige Methode, den wahren Zugang zum Wort zu finden, in der Wiederholung des ursprünglichen Schöpfungsvorgangs liegt. Das läßt sich nicht umgehen oder vereinfachen. Unseligerweise beeilen wir uns, sobald ein Liebender spricht oder ein König sich äußert, diesen ein Schildchen umhängen: der Liebende ist ›romantisch‹, der König ist ›edel‹ - und ehe wir's merken, sprechen wir von romantischer Liebe und königlichem Edelmut oder von fürstlichem Gebaren, als seien das Dinge, die man in der Hand halten und deren Darstellung man von den Schauspielern verlangen kann. Aber sie sind nicht gegenständlich und existieren nicht. Wenn wir nach ihnen suchen, dann halten wir uns am besten an hypothetische Rekonstruktionen nach Büchern oder Bildwerken. Wenn man einen Schauspieler auffordert, im ›romantischen Stil‹ zu spielen, wird er sich brav darin versuchen, weil er zu wissen glaubt, was damit gemeint ist. Woran kann er sich tatsächlich halten? Eingebung, Phantasie und eine Kladde von Theatererinnerungen, die ihm alle eine vage ›Romantizität‹ vermitteln. Dazu wird er unbewußt einen älteren Schauspieler, den er bewundert, imitieren. Wenn er in seinen eigenen Erlebnissen nachgräbt, würde sich vielleicht das Ergebnis nicht mit dem Text vermählen; wenn er bloß das spielt, was er für den Text hält, wird es ein Spiel aus zweiter Hand und konventionell. So oder so ist das Resultat ein Kompromiß, und in den meisten Fällen kein überzeugender.

Es ist zwecklos, so zu tun, als hätten die Wörter, die

wir den klassischen Stücken anhängen wie ›musikalisch‹, ›poetisch‹, ›überlebensgroß‹, ›erhaben‹, ›heroisch‹, ›romantisch‹, einen absoluten Sinn. Sie sind Reflexionen der kritischen Haltung einer gewissen Epoche, und der Versuch, heute eine Aufführung aufzubauen, die sich diesen Gesetzen anbequemt, ist die sicherste Straße zum tödlichen Theater - tödlichen Theater von einer Achtbarkeit, die es als lebendige Wahrheit gelten läßt.

Als ich in Sheffield einen Vortrag über dieses Thema hielt, konnte ich es gleich einem praktischen Versuch unterziehen. Zufällig war unter den Zuhörern eine Frau, die *König Lear* weder gelesen noch gesehen hatte. Ich gab ihr Gonerils erste Rede und bat sie, sie, so gut sie konnte, nach den von ihr entdeckten Worten vorzutragen. Sie las sie sehr einfach - und die Worte entfalteten sich voller Beredsamkeit und Charme. Ich erklärte ihr dann, dies sollte die Rede eines bösen Weibes sein, und sie sollte jedes Wort als Heuchelei lesen. Sie versuchte es, und das Publikum merkte, welch ein schweres und unnatürliches Ringen mit der einfachen Musik der Worte nötig war, als sie nach einer Definition zu agieren versuchte:

Mein Vater,
Mehr lieb' ich Euch, als Worte je umfassen,
Weit inniger als Licht und Luft und Freiheit,
Weit mehr, als was für reich und selten gilt,
Wie Schmuck des Lebens, Wohlsein, Schönheit, Ehre,
Wie je ein Kind geliebt, ein Vater Liebe fand,
Der Atem dünkt mich arm, die Sprache stumm,
Weit mehr als alles das lieb' ich Euch noch.

Das kann jeder für sich selbst ausprobieren. Schmeckt es auf der Zunge. Es sind Worte einer vornehmen, aristokratischen Frau, die gewohnt ist, sich in der Öffentlichkeit zu äußern, einer Frau mit Gelassenheit und gesellschaftlichem Aplomb. Als Schlüssel zu ihrem Charakter wird nur die Fassade geboten, und die ist, wie wir sehen, elegant und verführerisch. Wenn man sich jedoch die Inszenierungen vergegenwärtigt, in denen Goneril diese Zeilen als makaber böses Weib spricht, und sich die Rede daraufhin noch einmal betrachtet, dann weiß man eigentlich nicht, was darauf hindeutet - außer vielleicht die vorgefaßte Meinung über Shakespeares Moral. Wenn aber tatsächlich Goneril beim ersten Auftreten kein ›Ungeheuer‹ spielt, sondern nur das, was der gegebene Text verlangt, dann verschiebt sich das gesamte Gleichgewicht des Stückes - und in den späteren Szenen sind ihre Bosheit und Lears Martyrium weder so grob noch so simpel, wie sie erscheinen könnten. Natürlich erfahren wir gegen Ende des Stückes, daß Gonerils Handlungsweise sie zum ›Ungeheuer‹ stempelt - aber zu einem wahren Ungeheuer, komplex und bannend.

In einem lebendigen Theater würden wir bei der täglichen Probe die Entdeckungen des Vortages auf die Probe stellen und bereit sein zu glauben, daß uns das eigentliche Stück wieder durch die Lappen gegangen ist. Aber das tödliche Theater geht an die Klassiker mit der Auffassung heran, daß irgendwo irgendwer entdeckt und festgelegt hat, wie man so ein Stück aufführt.

Das ist das ständige Problem des sogenannten Stils. Jedes Werk hat seinen eigenen Stil. Es könnte nicht anders sein: jede Periode hat ihren Stil. Sobald wir versuchen, diesen Stil festzulegen, sind wir verloren. Ich weiß noch genau, wie die Peking Oper nach London kam, und kurz darauf eine konkurrierende chinesische Operntruppe aus Formosa. Die Peking Oper konnte noch auf die Quellen zurückgreifen und schuf die alten Formen jeden Abend neu; die Truppe aus Formosa, die die gleichen Stücke spielte, ahmte nur Erinnerungen nach, verkürzte einige Einzelszenen, übertrieb die Klamaukpassagen und vergaß den Sinn - nichts wurde neu geschaffen. Selbst in diesem fremden, exotischen Stil war der Unterschied zwischen Leben und Tod unverkennbar.

Die echte Peking Oper war ein Beispiel der dramatischen Kunst, deren äußere Formen sich nicht von Geschlecht zu Geschlecht ändern, und doch schien sie noch vor einigen Jahren so völlig versteinert, daß sie in alle Ewigkeit so weitermachen konnte. Heute ist selbst diese großartige Reliquie verschwunden. Ihre Kraft, ihr Gehalt hätten ihr das Leben weit über ihre Zeit hinaus garantiert wie einem Monument - aber der Tag brach an, an dem die Kluft zwischen ihr und dem Leben der sie umgebenden Gesellschaft zu groß wurde. Die roten Garden reflektieren ein anderes China. Sinn und Haltung der traditionellen Peking Oper haben nur wenig Beziehung zu der neuen Sinnstruktur, in der das Volk jetzt lebt. Heute sind in Peking der Kaiser und die Prinzessinen durch Landarbeiter und Soldaten ersetzt, und es wird die gleiche unglaubliche akrobatische Geschicklichkeit wie früher eingesetzt, um von ganz anderen Dingen zu künden. Im Westen wird das zutiefst bedauert, und es ist für uns leicht, kultivierte Tränen darüber zu vergießen. Natürlich ist es tragisch, daß dieses wunderbare Erbe zerstört ist - und doch habe ich das Gefühl, daß die unerbittliche Einstellung der Chinesen zu einem ihrer stolzesten Besitztümer den Sinn des lebendigen Theaters in seinem Kern berührt - Theater ist stets eine sich selbst zerstörende Kunst und immer in den Wind geschrieben. Ein professionelles Theater zieht jeden Abend die verschiedensten Leute an und spricht zu ihnen in der Sprache des Verhaltens. Eine Aufführung fährt sich ein und muß gewöhnlich wiederholt werden - und dazu noch so gut und genau wie möglich wiederholt -, aber vom Tage, an dem sie sich eingefahren hat, beginnt etwas Unsichtbares zu sterben.

Im Moskauer Künstlertheater und in der Habimah von Tel Aviv werden Produktionen vierzig Jahre und länger gespielt. Ich habe eine genaue Reproduktion von Wachtangows Inszenierung der *Turandot* aus den zwanziger Jahren gesehen, ich habe Stanislawskijs vollständig erhaltene Arbeit gesehen, aber nichts davon hatte mehr als antiquarisches Interesse, nichts hatte die Vitalität einer neuen Gestaltung. In Stratford, wo wir uns grämen, weil wir unser Repertoire nicht lange genug spielen, um den gesamten Kassenwert auszumelken, behandeln wir das nun ganz empirisch: ungefähr fünf Jahre, einigen wir uns, ist die längste Zeit, die eine bestimmte Inszenierung überleben kann. Es sind nicht nur die Haartracht, die Kostüme und die Masken, die veraltet erscheinen, sondern alle verschiedenen Elemente einer Aufführung - die Kurzhandschrift von Verhaltensmustern, die bestimmte Gefühle ausdrücken sollen, Gesten und Gestikulationen und Stimmlagen - alle fluktuieren die ganze Zeit an einer unsichtbaren Börse. Das Leben geht weiter, Einflüsse wirken auf Schauspieler und Publikum, und andere Stücke, andere Künste, Film, Fernsehen, Tagesereignisse schreiben dauernd die Geschichte neu und wandeln die tägliche Wahrheit. In Modehäusern haut jemand auf einen Tisch und sagt: »Stiefel sind einfach wieder Mode«, das ist eine existentielle Tatsache. Ein lebendiges Theater, das glaubt, von solchen Trivialitäten wie der Mode unberührt zu bleiben, wird dahinwelken. Im Theater ist jede Form, die einmal geboren ist, sterblich, jede Form muß neu konzipiert werden, und ihre neue Konzeption wird die Zeichen aller Einflüsse tragen, die sie umgeben. In diesem Sinne ist das Theater ein Stück Relativität. Immerhin ist ein großes Theater kein Modehaus; unzerstörbare Elemente tauchen immer wieder darin auf, und gewisse grundlegende Probleme bedingen jede dramatische Betätigung. Die tödliche Falle liegt darin, daß man die ewigen Wahrheiten von den oberflächlichen Variationen zu trennen sucht; denn das ist eine versteckte Form des Snobismus und daher verderblich. Heute gilt es als Binsenweisheit, daß Szenenbild, Kostüme und Musik ein gefundenes Fressen für Regisseure und Ausstatter und im höchsten Maße erneuerungsbedürftig sind. Wenn es zu bestimmten Auffassungen und Verhaltensfragen kommt, sind sie viel unsicherer und neigen zur Ansicht, daß man diese Elemente, wenn sie im Text stimmen, in der alten Art weiterbehandeln kann.

Eng damit verknüpft ist der Konflikt zwischen Theaterregisseuren und Musikern in Opernaufführungen, wo zwei völlig verschiedene Formen, Schauspiel und Musik, behandelt werden, als seien sie ein und dasselbe. Ein Musiker hat mit seinem Stoff zu tun, der den Menschen in die größte ihm gegebene Nähe des Unmittelbaren führt. Seine Notenschrift trägt dieser Unsichtbarkeit Rechnung, und sein Klang wird von Instrumenten hergestellt, die sich kaum je verändern. Die Persönlichkeit des Spielers hat damit nichts zu schaffen: ein dünner Klarinettist kann oft dickere Töne erzeugen als ein dicker. Der Träger der Musik ist von der Musik selbst geschieden. So kommt und geht der Stoff der Musik immer in gleicher Weise, frei von dem Zwang, revidiert und neu bewertet zu werden. Aber der Träger des Schauspiels ist Fleisch und Blut, und hier walten ganz andere Gesetze. Der Träger und die Aussage lassen sich nicht trennen. Nur ein nackter Schauspieler könnte beginnen, einem reinen Instrument wie einer Geige zu ähneln, und auch nur dann, wenn er ganz klassisch gebaut ist und weder einen Wanst noch O-Beine hat. Ein Balletttänzer kommt diesem Zustand manchmal nahe und kann auch formale Gesten reproduzieren, die weder von seiner Person noch von seinen äußeren Lebensumständen modifiziert sind. Sobald sich aber der Schauspieler kostümiert und mit eigener Zunge spricht, begibt er sich auf den schwankenden Boden der Manifestation und Existenz, den er mit den Zuschauern teilt. Weil die Erfahrung des Musikers eine so andere ist, findet er es schwer verständlich, warum die traditionellen Mätzchen, die Verdi zum Lachen brachten und Puccini sich auf die Schenkel schlagen ließen, heute weder komisch noch aufklärend wirken. Die Große Oper ist selbstverständlich das zur Absurdität geführte tödliche Theater. Die Oper ist ein Alptraum riesiger Fehden über winzige Nebensächlichkeiten, surrealistischer Anekdoten, die sich alle um dieselbe Behauptung drehen: nichts braucht sich zu ändern. Alles in der Oper muß sich ändern, aber in der Oper ist die Änderung blockiert.

Wieder müssen wir uns vor Entrüstung hüten, denn wenn wir versuchen, das Problem zu vereinfachen, indem wir die Tradition zum Haupthindernis zwischen uns und einem lebendigen Theater erklären, gehen wir wieder an der eigentlichen Frage vorbei. Es gibt überall eine tödliche Substanz, in der kulturellen Struktur, in unseren überkommenen künstlerischen Werten, im wirtschaftlichen Rahmen, im Leben des Schauspielers und in der Funktion des Kritikers. Wenn wir dies alles untersuchen, werden wir finden, daß verwirrenderweise auch das Gegenteil wahr zu sein scheint, denn im tödlichen Theater zeigen sich oft quälende, unfruchtbare oder sogar auch augenblicklich befriedigende Funken wirklichen Lebens.

In New York ist zum Beispiel das tödlichste Element bestimmt wirtschaftlicher Natur. Das bedeutet nicht, daß die ganze dort geleistete Arbeit schlecht ist, aber ein Theater, das aus wirtschaftlichen Gründen nicht länger als drei Wochen probt, ist von vornherein gelähmt. Die Zeit ist nicht ein absolut entscheidender Faktor; es ist nicht unmöglich, innerhalb von drei Wochen etwas Erstaunliches auf die Beine zu stellen. Manchmal bringt im Theater das, was man salopp und bündig Glück nennt, einen verblüffenden Energietaumel hervor, und dann folgt Einfall auf Einfall wie ein Kettenblitz. Aber das ist selten: Der gesunde Menschenverstand beweist, daß bei einem System, das in den meisten Fällen eine mehr als dreiwöchige Probezeit unnachsichtig ausschließt, fast alles zu kurz kommen muß. Man kann kein Experiment ausprobieren, und künstlerische Wagnisse sind nicht möglich. Der Regisseur muß die Ware liefern oder gehen, und der Schauspieler ebenfalls. Natürlich kann

man die Zeit auch sehr schlecht nutzen, man kann mo-
natelang herumsitzen, diskutieren, grübeln und improvisieren, ohne daß sich das im geringsten niederschlägt.
Ich habe in Rußland Shakespeare-Aufführungen gesehen,
die in der Anlage so konventionell waren, daß zwei
Jahre Diskussion und Archivstudium kein besseres Resultat erzielt hätten als eine Schmierentruppe in drei
Wochen. Ich habe einen Schauspieler getroffen, der sieben Jahre lang den Hamlet probte, ihn aber nie spielte,
weil der Regisseur starb, ehe er damit fertig war. Andererseits haben russische Aufführungen, die jahrelang
im Stanislawskij-Stil geprobt worden sind, noch immer
ein Niveau, von dem wir nur träumen können. Das Berliner Ensemble nützt die Zeit gut, macht von ihr groß-
zügigen Gebrauch, wendet etwa zwölf Monate an eine
neue Inszenierung und hat über eine Reihe von Jahren
ein Repertoire von Aufführungen aufgebaut, von denen
jede sehenswert ist - und das Theater bis zum letzten
Platz füllt. Nach einfachen kapitalistischen Grundsätzen
ist das ein besseres Geschäft als das kommerzielle Theater, in dem die zusammengewürfelten und -geflickten
Stücke so selten Erfolg haben. Am Broadway oder in
London macht in jeder Saison eine Anzahl kostspieliger
Inszenierungen nach einer oder zwei Wochen zu, und es
ist ein seltener Zufall, wenn sich eine durchboxt. Trotzdem hat der Prozentsatz von Katastrophen das System
oder den Glauben nicht erschüttert, daß sich am Schluß
alles einrenken wird. Am Broadway steigen dauernd die
Preise, und ironischerweise verdienen in jeder Saison die
›Hits‹ desto mehr Geld, je katastrophaler sich die Saison
entwickelt. Während immer weniger Leute durch die
Türen gehen, fließen immer größere Summen in die

Theaterkassen, bis schließlich ein letzter Millionär ein Vermögen für eine nur für ihn bestimmte Privataufführung bezahlen wird. So kommt es, daß die Ul des einen zur Nachtigall des anderen wird. Alle stöhnen, aber viele wollen dennoch, daß es so weitergeht.

Die künstlerischen Folgen sind schlimm. Der Broadway ist kein Dschungel, sondern eine Maschine, in die eine große Anzahl von ineinandergreifenden Teilen eingesetzt ist. Und doch ist jeder dieser Teile vergewaltigt: er ist deformiert worden, um reibungslos zu passen und zu funktionieren. Hier ist das einzige Theater der Welt, wo jeder Künstler - und damit meine ich die Bühnenbildner, Komponisten, Beleuchter ebensosehr wie die Schauspieler - zu seinem persönlichen Schutz einen Agenten braucht. Das klingt melodramatisch, aber in gewissem Sinne ist jeder ständig in Gefahr; seine Stelle, sein Ruf, sein Lebensstil sind täglich in der Schwebe. Theoretisch müßte diese Spannung zu einer Angststimmung führen, und wäre dies der Fall, dann wäre ihre zermürbende Wirkung klar ersichtlich. In der Praxis jedoch bringt die unterlegte Spannung ganz unmittelbar die berühmte Broadway-Atmosphäre zustande, die sehr emotional und von spürbarer Wärme und guter Laune durchpulst ist. Zum ersten Probetag des Stückes *House of Flowers* kam der Komponist, Harold Arlen, mit einer blauen Kornblume im Knopfloch sowie mit Champagner und Geschenken für uns alle. Als er sich durch die Schauspieler hindurch umarmte und küßte, flüsterte mir Truman Capote, sein Librettist, unheilverkündend zu: »Heute ist's Liebe. Morgen sind's die Anwälte.« So war's auch. Pearl Bailey hatte mir einen Vollstreckungsbefehl über 50 000 Dollar zugeschickt, bevor noch die Aufführung nach New York kam. Für einen Ausländer war das (rückblickend) alles spaßig und aufregend - alles ist mit dem Begriff ›show business‹ gesagt und erklärt -, aber bei genauer Analyse steht diese brutale Wärme in direkter Beziehung zu dem Mangel an wirklichem Feingefühl. Unter solchen Bedingungen findet man selten die Ruhe und Sicherheit, in der man wagen würde, sich zu exponieren. Ich meine die wahre, schlichte Intimität, die sich bei langer Arbeit und echtem Vertrauen zu anderen Menschen einstellt - am Broadway gelangt man leicht zu einer krassen Geste der Selbstdarstellung, aber das hat nichts zu tun mit der feinfühligen, sensiblen Wechselbeziehung zwischen Menschen, die vertrauensvoll miteinander arbeiten. Wenn die Amerikaner die Briten beneiden, dann meinen sie diese seltsame Sensibilität, dieses ungleiche Geben und Nehmen. Sie nennen es Stil und halten es für ein Mysterium. Wenn man in New York eine Inszenierung besetzt und hört, daß ein Schauspieler ›Stil‹ hat, dann bedeutet das gewöhnlich Nachahmung der Nachahmung eines Europäers. Im amerikanischen Theater spricht man ernsthaft von ›Stil‹, als sei das eine Manier, die man sich aneignen kann - und die Schauspieler, die klassische Stücke gespielt haben und von den Kritikern in den Glauben hineingeschmeichelt wurden, daß sie ›das Gewisse‹ besitzen, tun alles, um den Eindruck zu verewigen, daß ›Stil‹ ein rares Etwas ist, das nur einige wenige Gentleman-Schauspieler ihr eigen nennen. Und doch könnte Amerika leicht ein eigenes großes Theater haben. Es besitzt dafür alle dazugehörigen Elemente: Kraft, Mut, Humor, Bargeld und die Fähigkeit, harten Tatsachen ins Auge zu sehen.

Eines Morgens stand ich im Museum of Modern Art

und beobachtete die Leute, die für einen Dollar Eintrittsgeld hineinströmten. Fast alle hatten die lebhaften Züge und das individuelle Aussehen des guten Publikums - wenn man den einfachen persönlichen Maßstab für ein Publikum gebrauchen will, für das man gern Stücke inszeniert. In New York gibt es potentiell ein Publikum, das zu den besten der Welt zählt. Nur geht es leider selten ins Theater.

Es geht selten ins Theater, weil die Eintrittspreise zu hoch sind. Gewiß kann es sich diese Preise leisten, aber es ist zu oft enttäuscht worden. Nicht umsonst sind gerade in New York die Kritiker am mächtigsten und schonungslosesten. Das Publikum hat sich Jahr um Jahr gezwungen gesehen, einfache, fehlbare Menschen zu hochbezahlten Experten zu erheben, denn es ist, wie wenn ein Sammler ein teures Stück kauft: er kann allein dafür das Risiko nicht übernehmen. Die Tradition des sachverständigen Liebhabers von Kunstgegenständen, wie zum Beispiel Duveen, macht sich auf einmal an den Theaterkassen bemerkbar. So hat sich ein Kreis geschlossen; nicht nur die Künstler, sondern auch das Publikum müssen geschützt werden; die Menschen - und zwar meistens gerade die neugierigen, intelligenten, nonkonformistischen - bleiben fern. Diese Situation beschränkt sich nicht auf New York. Ich habe etwas sehr Ähnliches erlebt, als wir im Pariser *Athenée* John Ardens *Sergeant Musgraves Tanz* aufführten. Es war ein eklatanter Durchfall - fast die gesamte Presse war schlecht -, und wir spielten vor praktisch leeren Häusern. Überzeugt, daß das Stück irgendwo in Paris sein Publikum hätte, gaben wir bekannt, daß wir drei eintrittsfreie Abende veranstalten würden. So groß war die Lockung der freien Eintrittskarten, daß die Abende praktisch zu wilden Premieren wurden. Die Mengen prügelten sich um den Eintritt, die Polizei mußte quer durchs Foyer eiserne Gitter ziehen, und das Stück ging großartig, weil die Schauspieler, durch die Wärme der Aufnahme beflügelt, ihr Bestes gaben, was ihnen dann wieder Ovationen einbrachte. Das Theater, das noch am Vorabend ein zugiges Totenhaus gewesen war, summte vom Flüstern und Raunen des Erfolgs. Am Ende machten wir die Lichter an und betrachteten unser Publikum. Es war vorwiegend jung, durchweg gut und ziemlich formell angezogen, mit Schlips und Jackett. Françoise Spira, die Leiterin des Theaters, kam auf die Bühne.

»Ist hier einer, der sich den Eintrittspreis nicht hätte leisten können?«

Ein Mann hob die Hand.

»Und ihr anderen, warum habt ihr auf den freien Eintritt warten müssen?«

»Es hatte schlechte Kritiken.«

»Glaubt ihr an Kritiken?«

Lauter Chor: »Nein!«

»Warum dann...?«

Und von allen Seiten dieselbe Antwort - das Risiko ist zu groß, zu viele Enttäuschungen. Hier sehen wir, wie der Teufelskreis gezogen ist. Stetig gräbt sich das tödliche Theater sein eignes Grab.

Oder wir können dem Problem von der anderen Seite beikommen. Wenn das gute Theater auf ein gutes Publikum angewiesen ist, dann hat jedes Publikum das Theater, das es verdient. Und doch muß es für den Zuschauer sehr schwer sein, über die Verantwortung des Publikums belehrt zu werden. Wie kann sich das in der

Praxis gestalten? Es wäre ein trauriger Tag, wenn das Publikum nur noch aus Pflichtgefühl ins Theater ginge. Ist es einmal im Theater, kann sich das Publikum nicht zu einem ›besseren‹ steigern, als es ist. In gewissem Sinne gibt es nichts, was ein Zuschauer wirklich tun kann. Und doch herrscht hier ein Widerspruch, der nicht übersehen werden darf, denn von ihm hängt alles ab.

Als die *König-Lear*-Aufführung der Royal Shakespeare Company durch Europa reiste, wurde die Darstellung immer besser, und die besten Aufführungen lagen zwischen Budapest und Moskau. Es war faszinierend, wie eine Zuhörerschaft, die kaum Englisch verstand, eine Truppe so beeinflussen konnte. Diese Zuschauer brachten dreierlei mit: Liebe zum Stück selbst, wirklichen Hunger nach einem Kontakt mit Ausländern und vor allem eine Kenntnis des Lebens in Europa während der letzten Jahre, wodurch sie das schmerzliche Geschehen des Stückes unmittelbar erleben konnten. Die Aufmerksamkeit, die diese Zuschauer aufbrachten, drückte sich in Stille und Konzentration aus: ein Fluidum im Haus, das die Schauspieler beeindruckte, als sei ein leuchtendes Licht auf ihre Arbeit geworfen. Infolgedessen wurden die dunkelsten Passagen erhellt; sie wurden mit so vielfachem Sinngehalt und einem so schönen Gebrauch der englischen Sprache gespielt, daß die Zuschauer alle es spürten, wenn es auch nur wenige im einzelnen verstanden. Die Schauspieler waren bewegt und erregt und fuhren weiter in die Vereinigten Staaten, um dort einem englischsprechenden Publikum zu geben, was diese Erfahrung sie gelehrt hatte. Ich war gezwungen, nach England zurückzukehren und traf die Truppe erst einige Wochen später in Philadelphia wieder. Zu meiner Überraschung und Enttäuschung hatte das Spiel viel von seinem Fluidum verloren. Ich wollte den Schauspielern schuld daran geben, aber sie gaben sich offensichtlich alle erdenkliche Mühe. Das Verhältnis zum Publikum hatte sich geändert. In Philadelphia verstanden die Zuschauer zwar Englisch, aber sie setzten sich größtenteils aus Leuten zusammen, die sich für das Stück nicht sonderlich interessierten; Leute, die aus konventionellen Gründen gekommen waren - weil es ein gesellschaftliches Ereignis war, weil die Ehefrauen dies verlangten und so weiter. Unzweifelhaft gab es Mittel, diese Leute für König Lear zu interessieren, aber es waren nicht unsere Mittel. Die Kargheit dieser Inszenierung, die in Europa so richtig geschienen hatte, war nicht mehr sinnvoll. Als ich Leute gähnen sah, fühlte ich mich schuldig, denn ich merkte, daß man etwas anderes von uns erwartete. Ich wußte, daß ich ohne Überheblichkeit andere Betonungen setzen würde, wenn ich das Stück für Philadelphia inszenierte - und ich würde, was die Aufnahme anlangt, ein besseres Resultat erzielen. Aber mit einer eingefahrenen Produktion auf Tournee konnte ich nichts tun. Die Schauspieler hingegen reagierten instinktiv auf die neue Situation. Sie unterstrichen alles im Stück, was die Zuschauer fesseln konnte - das heißt, wenn die Handlung aufregend war oder es einen melodramatischen Ausbruch gab, schlachteten sie es aus, sie spielten lauter und gröber und huschten über die mehrdeutigen Stellen hinweg, die den nichtenglischen Zuschauern so sehr gefallen hatten - und die ironischerweise nur ein englischsprechendes Publikum vollkommen würdigen konnte. Schließlich brachte unser Impresario die Aufführung zum Lincoln Center in New York -

einem riesigen Theater, wo die Akustik schlecht war und die Zuschauer über den schlechten Kontakt mit der Bühne verstimmt waren. Wir waren aus wirtschaftlichen Gründen in dieses kolossale Theater gelegt worden: ein einfaches Beispiel, wie ein geschlossener Kreis von Ursache und Wirkung zustande kommt, so daß das falsche Publikum oder der falsche Ort oder beide den Schauspielern die gröbste Darstellung entlocken. Wieder hatten die Schauspieler, die auf die gegebenen Verhältnisse reagierten, keine Wahl; sie sprachen ins Publikum, sprachen laut und warfen ganz folgerichtig alles, was in ihrer Arbeit kostbar geworden war, über Bord. Diese Gefahr ist in jeder Tournee eingebaut, weil in gewissem Sinne meist andere Umstände als die der ursprünglichen Darstellung gegeben sind - und der Kontakt mit jedem neuen Publikum ist oft Glückssache. In den alten Zeiten haben die Wandertruppen ihr Spiel ganz natürlich jedem neuen Ort angepaßt: ausgefeilte neue Produktionen sind nicht so flexibel. Ja, als wir *US* spielten, das Gruppen-Happening-Kollaborativ-Schaustück des Royal Shakespeare Theatre über den Vietnamkrieg, entschlossen wir uns, alle Einladungen für eine Tournee abzulehnen. Jeder Zug darin war nur auf jenes besondere Londoner Publikum zugeschnitten, das 1966 das Aldwych Theatre besuchte. Die Tatsache, daß wir keinen von einem Dramatiker festgelegten Text hatten, war die Voraussetzung für dieses besondere Experiment. Kontakt mit dem Publikum durch gemeinsam erfahrene Inhalte bildete die Substanz des Abends. Hätten wir einen ausgearbeiteten Text gehabt, dann hätten wir auch anderswo spielen können, aber ohne Stück waren wir ein Happening - und trotzdem hatten wir alle das Gefühl, daß schon innerhalb einer Londoner Saison von fünf Monaten etwas von dem Spiel verlorenging. Eine einzige Aufführung wäre die wahre Krönung gewesen. Wir begingen den Fehler, uns verpflichtet zu fühlen, in unser eigenes Repertoire einzusteigen. Ein Repertoire wiederholt, und um zu wiederholen, muß etwas festgelegt sein. Die Regeln der britischen Zensur verbieten den Schauspielern, während der Aufführung Angleichungen oder Improvisationen vorzunehmen. So war in diesem Falle die Festlegung der Beginn des Abgleitens zum Tödlichen - die Lebendigkeit der Schauspieler ließ nach, als die Unmittelbarkeit der Berührung mit dem Publikum und dem Thema nachließ.

Bei einem Vortrag vor einer Universitätsgruppe habe ich einmal versucht zu demonstrieren, wie eine Zuhörerschaft die Schauspieler durch die Art ihrer Aufmerksamkeit beeinflußt. Ich bat um einen Freiwilligen. Ein Mann trat vor, und ich gab ihm ein Blatt Papier mit einer Rede aus Peter Weiss' Stück über Auschwitz *Die Ermittlung*. Die Stelle war die Beschreibung der Leichen in einer Gaskammer. Als der Freiwillige das Blatt nahm und es für sich durchlas, kicherten die Zuhörer, wie sie es immer tun, wenn einer aus ihrer Mitte auf dem besten Weg ist, sich lächerlich zu machen. Aber der Freiwillige war durch das Gelesene zu ergriffen und entsetzt, um mit dem ebenfalls üblichen schafsmäßigen Grinsen zu reagieren. Etwas von seinem Ernst und seiner Konzentration griff auf die Zuhörer über, die still wurden. Dann begann er, auf meine Aufforderung hin laut vorzulesen. Die ersten Worte erhielten ihr Gesicht durch ihren eigenen scheußlichen Sinngehalt und die Reaktion des Vorlesenden darauf. Sofort begannen die Zuhörer zu verstehen. Sie wurden eins mit ihm, mit der Rede - der Vortragssaal und der Freiwillige, der auf die Bühne gekommen war, waren den Blicken entschwunden - das nackte Geschehen von Auschwitz war so machtvoll, daß es alles beherrschte. Nicht nur fuhr der Vorleser fort, in ein angespanntes Schweigen des Schocks hineinzusprechen, sondern sein Lesen war auch, rein technisch gesprochen, vollkommen - es war weder anmutig noch plump, weder geschickt noch ungeschickt -, es war vollkommen, weil er für seine Befangenheit keine Aufmerksamkeit erübrigen konnte oder für die Überlegung, ob er die richtige Intonation getroffen hatte. Er wußte, daß die Zuhörer hören wollten; die Bilder fanden ihre eigene Ebene und leiteten seine Stimme unbewußt zur richtigen Lautstärke und Lage.

Danach bat ich um einen zweiten Freiwilligen und gab ihm die Rede aus *Heinrich V.*, in der die Namen und Zahlen der französischen und englischen Toten aufgeführt werden. Als er das vorlas, kamen alle Fehler des Amateurschauspielers ans Licht. Ein Blick auf den Shakespeareband hatte eine Reihe von Reflexreaktionen ausgelöst, die mit dem Sprechen von Versen zusammenhängen. Er legte eine falsche Stimme auf, die edel und historisch zu sein versuchte, ließ die Worte rollen, betonte ungeschickt, hatte Sprachhemmungen, wurde steif und verwirrt, und die Zuhörer benahmen sich unaufmerksam und unruhig. Als er fertig war, fragte ich das Publikum, warum sie die Liste der Toten von Agincourt nicht so ernst nehmen konnten wie die Beschreibung des Todes in Auschwitz. Das führte zu einem lebhaften Meinungsaustausch.

»Agincourt liegt in der Vergangenheit.«

»Aber Auschwitz ist in der Vergangenheit.«

»Nur fünfzehn Jahre.«

»Wie lange soll's denn dauern?«

»Wann ist eine Leiche eine historische Leiche?«

»Wie viele Jahre machen das Töten romantisch?«

Nachdem das eine Zeitlang so gelaufen war, schlug ich ein Experiment vor. Der Amateurschauspieler sollte die Rede noch einmal lesen, und nach jedem Namen einen Augenblick innehalten; die Zuhörer sollten stumm in der Pause versuchen, ihre Eindrücke von Auschwitz und Agincourt zusammenzulegen und so lebhaft sich vorzustellen suchen, daß diese Namen einmal Menschen waren, als hätte sich diese Schlächterei zu unseren Lebzeiten zugetragen. Der Amateur begann wieder zu lesen, und die Zuhörer gaben sich alle Mühe, ihre Rolle zu spielen. Als er den ersten Namen sprach, wurde die halbe Stille vollkommen. Die Spannung ergriff den Leser, es lag eine Emotion darin, die er mit den Zuhörern teilte, und sie lenkte seine ganze Aufmerksamkeit von sich weg auf das, was er sprach. Jetzt begann ihn die Konzentration der Zuhörer zu leiten: seine Betonungen waren einfach, sein Rhythmus echt. Das begann wiederum das Interesse der Zuhörer zu wecken, und ein Strom begann zwischen beiden Seiten hin- und herzufließen. Als das Ganze beendet war, bedurfte es keiner Erklärungen; die Zuhörer hatten sich als Handelnde erlebt und gesehen, wie vielschichtig das Schweigen sein kann.

Natürlich war dieses Experiment, wie alle anderen, künstlich: Hier wurde den Zuhörern eine ungewöhnlich aktive Rolle zugeschanzt, und sie leiteten infolgedessen einen unerfahrenen Schauspieler. Gewöhnlich wird ein erfahrener Schauspieler, der eine solche Stelle vorliest, den Zuhörern eine Stille auferlegen, die der verkündeten Wahrheit proportional ist. Gelegentlich kann ein Schauspieler jedes Haus völlig beherrschen und wie ein meisterhafter Matador die Zuhörer nach Belieben beeinflussen. In den meisten Fällen kann das jedoch nicht allein von der Bühne kommen. Zum Beispiel haben sowohl die Schauspieler als auch ich *Nacht mit Gästen* und *Marat/Sade* in Amerika lohnender gefunden als in England. Die Engländer weigerten sich, *Nacht mit Gästen* so aufzunehmen, wie es gemeint war: Die Story erzählt von der möglichen Grausamkeit in irgendeiner kleinen Gemeinde, und als wir es in den englischen Provinzen vor fast leeren Häusern spielten, war die Reaktion der Anwesenden, daß es nicht »wirklich« sei und »nicht geschehen« könne; sie ließen es sich auf der Phantasieebene gefallen oder nicht gefallen. Der *Marat/Sade* gefiel in London nicht so sehr als Stück über Revolution, Krieg und Wahnsinn, sondern als theatralisches Schauspiel. Die widersprüchlichen Worte ›literarisch‹ und ›theatralisch‹ haben viele Bedeutungen, aber wenn sie im englischen Theater lobend gebraucht werden, dann beschreiben sie allzuoft die Möglichkeit, wie man sich die Berührung mit peinlichen Themen vom Leibe hält. Das amerikanische Publikum hat auf beide Stücke viel unmittelbarer reagiert, es hat die Feststellung, daß der Mensch raffgierig und mörderisch, ein potentieller Wahnsinniger ist, akzeptiert und geglaubt. Es wurde vom Stoff des Dramas gefesselt und hat auch bei *Nacht mit Gästen* sich nicht einmal darüber aufgehalten, daß die Story ihm auf eine ungewöhnliche, expressionistische Art geboten wurde. Es setzte sich nur mit dem auseinander, was das Stück ausgesagt hatte. Die großen

Erfolgsstücke von Kazan, Williams und Miller und Albees *Virginia Woolf* brachten Zuschauer auf die Beine, die den Schauspielern in dem wahrhaft gleich empfundenen Bereich von Thema und Anliegen entgegenkamen - und es waren starke Ereignisse, der Kreis der Darstellung war bannend und vollständig.

In Amerika erhebt sich in mächtigen Wogen eine Erkenntnis des Tödlichen und eine kräftige Reaktion dagegen. Vor Jahren wurde ein *Actors' Studio* ins Leben gerufen, um jenen unseligen Künstlern Vertrauen und durchgehende Beschäftigung zu sichern, die so schnell hintereinander Arbeit finden und verlieren. Sie gründeten ein sehr systematisches Studium auf einen Teil von Stanislawskijs Lehren und entwickelten einen sehr bemerkenswerten Schauspielstil, der genau dem Bedürfnis der Dramatiker und Zuschauer entgegenkam. Die Schauspieler mußten immer noch innerhalb von drei Wochen Resultate liefern, aber sie wurden von der Tradition der Schule gestützt und kamen nicht mit leeren Händen zur ersten Probe. Dieser Rückhalt verlieh ihrer Arbeit Kraft und Integrität. Der Schauspieler war darin geübt, Klischee-Imitationen zu vermeiden und in sich nach größerer Wirklichkeit zu fahnden. Er mußte sie dadurch darstellen, daß er sie lebte, wodurch das Spielen zum tiefen naturalistischen Forschen wurde. ›Wirklichkeit‹ ist ein Wort mit vielen Bedeutungen, aber dort galt sie als ein Ausschnitt der Realität, die die Menschen und die den Schauspieler betreffenden Probleme widerspiegelte und sich mit den Ausschnitten der Existenz deckte, die die Schriftsteller jener Zeit, Miller, Tennessee Williams und Inge zu definieren suchten. In ungefähr der gleichen Weise gewann das Theater Stanislawskijs seine Kraft aus dem Umstand, daß es den Bedürfnissen der besten russischen Klassiker entgegenkam, die insgesamt die naturalistische Form benutzten. Für eine Anzahl von Jahren hatten in Rußland die Schule, das Publikum und das Stück eine Einheit ergeben. Dann griff Meyerhold Stanislawskij an und forderte einen anderen Darstellungsstil, um andere Elemente der ›Wirklichkeit‹ zu erfassen. Aber Meyerhold verschwand. Im heutigen Amerika ist die Zeit reif für einen Meyerhold, da die naturalistische Darstellung des Lebens den Amerikanern nicht mehr als angemessener Ausdruck der täglichen Erfahrung erscheint. Jetzt diskutiert man über Genet, versucht eine Neubewertung Shakespeares und zitiert Artaud: Man spricht eine Menge über Ritual, und all dies aus sehr realistischen Gründen, weil viele konkrete Tatbestände des amerikanischen Lebens nur mit solchen Mitteln erfaßt werden können. Noch vor kurzer Zeit waren die Engländer voller Neid auf die Vitalität des amerikanischen Theaters. Jetzt schwingt das Pendel nach London aus, als hielten die Engländer alle Schlüssel in der Hand. Vor Jahren sah ich im Actors' Studio eine junge Frau eine Rede der Lady Macbeth so spielen, als sei sie ein Baum. Als ich das in England beschrieb, klang es komisch, und auch heute noch müssen viele englische Schauspieler entdecken, warum komisch klingende Übungen so notwendig sind. In New York brauchte die junge Frau jedoch nichts über Gruppenarbeit und Improvisationen zu lernen; damit war sie bereits vertraut. Nun hätte sie den Sinn und die Anforderungen der Form erfassen müssen; als sie mit erhobenen Armen dastand und zu ›fühlen‹ versuchte, verströmte sie ihre Leidenschaft und Energie nutzlos in die falsche Richtung.

All das bringt uns zurück zum selben Problem. Das Wort Theater hat viele unscharfe Bedeutungen. Fast überall in der Welt hat das Theater keinen genauen Platz in der Gesellschaft und kein klares Ziel. Es existiert nur fragmentarisch in einzelnen Bestrebungen: ein Theater ist hinter Geld her, ein zweites hinter Ruhm, ein anderes hinter Gefühl, ein viertes hinter der Politik und ein letztes hinter der Unterhaltung.

Der Schauspieler pendelt zwischen Pontius und Pilatus - verwirrt und verkonsumiert von Verhältnissen, die er nicht kontrollieren kann. Schauspieler mögen zuweilen eifersüchtig oder nichtssagend erscheinen, aber ich habe nie einen Schauspieler erlebt, der nicht arbeiten wollte. Dieser Wunsch zu arbeiten ist seine Stärke. Darauf beruht die Fähigkeit der Professionellen, einander überall zu verstehen. Aber er allein kann den Beruf nicht reformieren. In einem Theater mit wenigen Schulen und keinen Zielen ist er meistens das Werkzeug, nicht das Instrument. Wenn aber das Theater sich wieder auf den Schauspieler besinnt, ist das Problem auch noch nicht gelöst. Im Gegenteil, das tödliche Spielen wird zum Kern der Krise.

Das Dilemma des Schauspielers beschränkt sich nicht auf kommerzielle Theater mit ungenügender Probenzeit. Sänger, häufig auch Tänzer behalten ihre Lehrer bis zum Ende ihrer Tage. Einmal losgelassene Schauspieler haben überhaupt nichts, was ihnen bei der Entwicklung ihrer Talente helfen könnte. Wenn man das schon mit großen Befürchtungen beim kommerziellen Theater beobachten kann, so trifft es doch genauso für feste Ensembles zu. Nachdem der Schauspieler eine gewisse Position erreicht hat, macht er keine ›Hausaufgaben‹ mehr.

Man stelle sich einen jungen, ungeformten, unentwickelten Schauspieler vor, der aber von Begabung strotzt und voller verborgener Möglichkeiten steckt. Er entdeckt sehr schnell, was er kann, und mag sich, nachdem er die Anfangsschwierigkeiten überwunden hat, mit einigem Glück in der beneidenswerten Lage finden, eine Stellung zu haben, die er liebt und auch gut ausfüllt, und dabei noch bezahlt und bewundert wird. Wenn er sich entwickeln will, muß die nächste Stufe sein, daß er über sein bisheriges Fach hinausstrebt und zu erkunden beginnt, was ihn wirklich schwer ankommt. Aber für ein solches Problem hat er keine Zeit. Seine Freunde sind von geringem Nutzen, seine Eltern verstehen wahrscheinlich nicht viel von seiner Kunst, und sein Agent, der vielleicht wohlmeinend und intelligent ist, hat nicht den Auftrag, ihn an guten Angeboten interessanter Rollen vorbeizusteuern zu einem ungewissen Etwas, das noch besser wäre. Der Anfang einer Karriere und die künstlerische Entwicklung gehen nicht notwendigerweise Hand in Hand; oft zeigt ein Schauspieler, je mehr sich seine Karriere entwickelt, Leistungen, die sich immer mehr gleichen. Das ist eine jammervolle Geschichte, und alle Ausnahmen vernebeln nur die Wahrheit.

Wie verbringt der durchschnittliche Schauspieler seine Tage? Das ist natürlich ein weiteres Feld: vom Im-Bett-Liegen, Trinken, Friseur-Besuchen, Zum-Agenten-Trotten, Filmen, Aufnahme-Machen bis zum Lesen, manchmal Studieren; und in letzter Zeit sogar ein bißchen Politik-Spielen. Ob er aber seine Zeit mit frivolen oder ernsten Dingen ausfüllt, ist unwichtig; wenig von dem, was er tut, bezieht sich auf sein hauptsächliches Anliegen: als Schauspieler nicht stillzustehen - was bedeutet, als

Mensch nicht stehenzubleiben, was Arbeit bedeutet, die auf sein künstlerisches Wachstum abzielt - und wo kann eine solche Arbeit stattfinden? Immer wieder habe ich mit Schauspielern gearbeitet, die nach der üblichen Vorrede, daß »sie sich in meine Hand geben«, in tragischer Weise unfähig sind; trotz aller ehrlichen Versuche, wenigstens für einen kurzen Augenblick bei den Proben das eigene Image abzulegen, das sich um eine innere Leere verhärtet hat. Wo es einmal möglich ist, diese Schale zu durchstoßen, ist es wie das Zertrümmern des Bildes auf einem Fernsehschirm.

In England sieht es plötzlich so aus, als hätten wir ein großartiges neues Geschlecht von jungen Schauspielern. Es ist, als stünden wir zwei Reihen von Männern in einer Fabrik gegenüber, die in entgegengesetzte Richtungen blicken: eine Reihe schlurft müde hinaus, die andere schreitet frisch und lebensfroh voran. Wir haben den Eindruck, daß die eine Reihe besser ist als die andere, daß die frohe Reihe aus besserem Stoff gemacht ist. Das trifft auch teilweise zu, aber am Ende wird auch die neue Schicht so müde und grau sein wie die alte; das ist ein unvermeidliches Ergebnis bestimmter Umstände, die sich noch nicht geändert haben. Das Tragische ist, daß der berufliche Status eines mehr als dreißigjährigen Schauspielers selten ein richtiges Bild von seinen Fähigkeiten gibt. Es gibt unzählige Schauspieler, die niemals die Chance haben, ihr angeborenes Potential zur richtigen Entfaltung zu bringen. Natürlich wird bei einer individualistischen Tätigkeit den Ausnahmefällen eine falsche und übertriebene Bedeutung beigemessen. Überragende Schauspieler haben wie alle wahren Künstler eine geheimnisvolle psychische Chemie, halb bewußt und doch zu drei Vierteln verborgen, die sie selbst nur definieren können als ›Instinkt‹, ›Ahnung‹, ›meine Stimmen‹, die ihnen aber auch die Möglichkeit gibt, ihre Sicht und Kunst zu entwickeln. Sonderfälle mögen Sonderregeln unterliegen. Eine der größten Schauspielerinnen unserer Zeit, die bei der Probe keiner Methode zu folgen scheint, hat tatsächlich ein höchsteigenes System, das sie nur in der Kindersprache artikulieren kann. »Wir kneten heute den Teig, mein Freund«, hat sie zu mir gesagt. »Tun ihn zurück, damit er ein bißchen länger backt«, »braucht jetzt ein wenig Hefe«, »heute morgen kommt ein bißchen Fett drüber«. Wie dem auch sei, das ist eine präzise Wissenschaft, genauso als gäbe sie ihm die Terminologie des *Actors' Studio*. Aber ihre Fähigkeit, damit Resultate zu erzielen, bleibt auf sie beschränkt. Sie kann sie nicht nutzbringend auf die Leute um sie herum übertragen; während sie also ›ihren Kuchen backt‹ und der nächste Schauspieler es so macht, wie er es fühlt, und der dritte in der Sprache der Schauspielerschule »nach der Stanislawskijschen ›Überaufgabe‹« fahndet, ist eine echte Zusammenarbeit zwischen ihnen allen nicht möglich. Man hat schon vorzeiten erkannt, daß wenige Schauspieler sich endlos weiterentwickeln können, wenn sie keinem permanenten Ensemble angehören. Man muß sich aber vergegenwärtigen, daß ein permanentes Ensemble zur Tödlichkeit verdammt ist, wenn es ohne Ziel und daher auch ohne Methode und daher ohne Schule existiert. Mit Schule meine ich selbstverständlich keine Turnhalle, wo der Schauspieler besessen seine Glieder übt. Das Muskelbeugen allein kann keine Kunst entwickeln, Tonleitern machen nicht den Pianisten, und Fingerübungen helfen nicht dem Malerpinsel; und doch spielt der Pianist viele Stunden am Tag Fingerübungen, und japanische Maler üben ihr Leben lang das Zeichnen eines vollkommenen Kreises. Die Schauspielkunst stellt in mancher Hinsicht von allen Künsten die höchsten Anforderungen, und ohne ständige Schulung wird der Schauspieler auf der Mitte des Weges stehenbleiben.

Wenn wir also der Tödlichkeit begegnen, wer ist schuld daran? Man hat privat und öffentlich die Kritiker beschimpft, daß ihnen die Ohren zittern, um uns glauben zu machen, daß die schlimmste Tödlichkeit ihr Werk sei. Jahrelang schon stöhnen und grollen wir über ›die Kritiker‹, als seien es immer die gleichen sechs Männer, die mit Düsenmaschinen von Paris nach New York, von der Kunstausstellung zum Konzert und dann zum Theater brausen und immer die gleichen monumentalen Irrtümer begehen. Oder als seien sie alle wie Thomas Becket - der fröhliche hurende Freund des Königs, der mit dem Tag, an dem er Kardinal wurde, dieselben Mißbilligungen aussprach wie alle seine Vorgänger: Kritiker kommen und gehen, aber die Kritisierten finden ›sie‹ alle gleich. Unser System, die Zeitungen, die Leserwünsche, die telefonisch diktierte Kritik, die Raumprobleme, die vielen Schmarren in unseren Schauspielhäusern, die seelenzerstörerische Wirkung, wenn man oft und zu lange dasselbe tut, alles spielt zusammen, um einen Kritiker an der Ausübung seiner lebenswichtigen Funktion zu hindern. Wenn der Durchschnittsbürger ins Theater geht, kann er behaupten, daß er nur der eigenen Lust dienen will. Wenn ein Kritiker ins Theater geht, kann er sagen, daß er nur dem Durchschnittsbürger dienen will, aber das ist nicht ganz korrekt. Er gibt nicht nur Tips. Ein Kritiker hat eine viel wichtigere Rolle, sogar eine wesentliche, denn eine Kunst ohne Kritiker wäre ständig von viel größeren Gefahren bedroht.

Zum Beispiel dient ein Kritiker immer dem Theater, wenn er eine Unzulänglichkeit ausfindig macht. Wenn er fast die ganze Zeit mosert, hat er fast immer recht. Die schreckliche Schwierigkeit des Theatermachens muß man anerkennen. Es ist, oder wäre, wenn man es richtig machte, vielleicht das schwierigste Medium von allen: es ist unbarmherzig, dem Irrtum ist kein Raum gelassen, und auch nicht der Verschwendung. Ein Roman kann sich den Leser leisten, der Seiten oder gar ganze Kapitel überschlägt, ein Publikum, das im Nu vom Vergnügen in die Langeweile verfallen kann, ist leicht unwiderruflich verloren. Zwei Stunden sind eine kurze Frist und eine Ewigkeit: zwei Stunden Inanspruchnahme der öffentlichen Zeit ist eine feine Kunst. Doch wird dieser Kunst mit ihren erschreckenden Anforderungen großenteils mit Gelegenheitsarbeit gedient. In einem tödlichen Vakuum gibt es wenige Orte, an denen wir die Theaterkünste richtig lernen können - daher neigen wir dazu, ins Theater hineinzuschneien und Liebe zu bieten statt Wissenschaft. Und das zu beurteilen ist der unselige Kritiker jede Nacht aufgerufen.

Inkompetenz ist das Laster, der Zustand und die Tragödie des Theaters in der Welt auf jeder Ebene: Für jede gute leichte Komödie oder ein Musical oder eine politische Revue oder ein Versdrama oder ein klassisches Stück gibt es Dutzende von anderen, die meistenteils durch einen Mangel an grundlegendem Können verraten werden. Die Technik des Inszenierens, Entwerfens, Sprechens, Über-die-Bühne-Gehens, Sitzens - selbst Zuhörens - wird einfach nicht genügend beherrscht; man vergleiche die geringe Anstrengung - abgesehen vom Glück -, die notwendig ist, um an den meisten Theatern angenommen zu werden, mit der unteren Grenze der Kunstfertigkeit, die man etwa von einem Klavierspieler verlangt. Man denke, wie viele Tausende von Musiklehrern in Tausenden von kleinen Städten alle Noten der schwierigsten Stellen von Liszt spielen können oder Skrjabin vom Blatt lesen. Verglichen mit dem einfachen Können der Musiker ist der größte Teil unserer Arbeit auf einem Amateurniveau. Ein Kritiker sieht beim Theaterbesuch viel mehr Ungenügen als Genügen. Ich bin einmal gebeten worden, eine Oper in einem Opernhaus des Nahen Ostens zu inszenieren, das unverblümt in seinem Einladungsbrief schrieb: »Unser Orchester hat nicht alle Instrumente und spielt einige falsche Noten, aber unsere Zuhörer haben das bisher noch nicht gemerkt.« Glücklicherweise merkt es der Kritiker, und in diesem Sinne ist seine zornigste Reaktion wertvoll - es ist die Forderung nach Genügen. Das ist eine lebenswichtige Funktion, aber er hat noch eine andere. Er ist ein Bahnbrecher.

Der Kritiker wirkt mit in dem tödlichen Spiel, wenn er diese Verantwortung nicht übernimmt und seine eigene Bedeutung herabsetzt. Ein Kritiker ist gewöhnlich ein aufrichtiger und anständiger Mann, der sich der menschlichen Aspekte seiner Tätigkeit durchaus bewußt ist; einer der berühmten ›Schlächter vom Broadway‹ soll von dem Wissen gefoltert gewesen sein, daß das Glück und die Zukunft der Leute allein von ihm abhingen. Selbst wenn er sich jedoch dieser Macht der Zerstörung bewußt ist, unterschätzt er seine Macht des Guten. Wenn der *status quo* saumäßig ist - was wenige Kritiker auf der ganzen Welt in Abrede stellen -, dann gibt es nur die Möglichkeit, die Ereignisse im Hinblick auf ein mögliches Ziel zu beurteilen. Dieses Ziel müßte für den Künstler und den Kritiker das gleiche sein - der Wandel zu einem weniger tödlichen, aber bisher weitgehend undefinierten Theater. Das ist unser endgültiges Vorhaben, unser gemeinsames Ziel, und unsere gemeinsame Aufgabe besteht darin, alle Wegweiser und Fußspuren auf dem Weg zu erkennen. Unsere Beziehungen zu den Kritikern mögen oberflächlich gespannt sein, aber tiefer gesehen sind sie absolut notwendig: Wie zwei Meeresungeheuer brauchen wir die gegenseitige Freßgier, um die Existenz des Meeresgrundes zu verewigen. Das Fressen jedoch ist nicht annähernd genug. Wir müssen gemeinsame Anstrengungen machen, an die Oberfläche zu steigen. Das fällt uns allen schwer. Der Kritiker ist ein Teil des Ganzen, und ob er nun seine Kritiken schnell oder langsam, kurz oder lang schreibt, ist nicht wirklich wichtig. Hat er ein Bild davon, wie ein Theater in seinem Gemeinwesen aussehen soll, und revidiert er dieses Bild mit jedem neuen Erlebnis, das er empfängt? Wie viele Kritiker sehen darin ihre Aufgabe?

Je mehr daher der Kritiker zum inneren Kreis gehört, desto besser. Ich sehe nur Gutes in einem Kritiker, der sich in unser Leben einschaltet, Schauspielern begegnet, redet, diskutiert, zusieht, eingreift. Ich würde es begrüßen, wenn er seine Hand an diesem Medium versuchte und sich selber damit befaßte. Gewiß gibt es da ein kleines gesellschaftliches Problem - wie spricht ein Kritiker mit einem, den er gerade im Druck verteufelt hat? Augenblickliche Peinlichkeiten mögen sich daraus ergeben - aber der Gedanke, daß die Kritiker eben deswegen den notwendigen Kontakt mit der Arbeit entbehren müssen, zu der sie gehören, ist lächerlich. Die gegenseitige Peinlichkeit kann leicht überwunden werden, und bestimmt wird eine engere Berührung mit der Arbeit den Kritiker in keiner Weise zum Komplicen der Leute machen, die er kennengelernt hat. Die Kritik, die Theaterleute aneinander üben, ist meist von vernichtender Schärfe - aber absolut präzise. Der Kritiker, dem das Theater keinen Spaß mehr macht, ist offenbar ein tödlicher Kritiker, aber derjenige, der das Theater liebt, sich aber nicht kritisch klar ist, was das bedeutet, ist ebenso tödlich: Der lebendige Kritiker ist der, der sich selbst klar formuliert hat, was das Theater sein könnte - und der kühn genug ist, diese Formel mit jedem neuen Theatererlebnis über Bord zu werfen.

Das schlimmste Problem für den professionellen Kritiker ist dies, daß er selten aufgerufen ist, sich brennenden Ereignissen auszuliefern, die sein Denken umkrempeln. Es ist schwer für ihn, seine Begeisterung zu wahren, wenn es in der Welt nur wenige gute Stücke gibt. Alle Jahre strömt viel neues Material in die Filmtheater, aber die Theater können nur die unglückliche Wahl treffen zwischen großen traditionellen Werken und sehr viel weniger guten modernen Werken. Wir steuern nun auf einen anderen Aspekt des Problems zu, der auch im Mittelpunkt steht: das Dilemma des tödlichen Schriftstellers.

Es ist elend schwierig, ein Stück zu schreiben. Ein Dramatiker muß vom Wesen des Dramas her in den Geist sich befehdender Charaktere eintreten. Er ist kein Richter; er ist ein Schöpfer - und selbst wenn sein erster Versuch nur zwei Personen zutage bringt, so muß er in jedem denkbaren Stil doch voll mit beiden leben. Die Aufgabe, sich uneingeschränkt von einem Charakter in den anderen zu versetzen - ein Prinzip, nach dem der gesamte Shakespeare und der ganze Tschechow aufgebaut sind -, ist jederzeit fast übermenschlich. Sie erfordert einzigartige Fähigkeiten und vielleicht sogar solche, die mit unserem Zeitalter nicht mehr im Einklang stehen. Wenn das Werk des beginnenden Dramatikers oft dünn erscheint, dann mag das daher kommen, daß der Bereich seines menschlichen Mitfühlens noch nicht weit gespannt ist - aber andererseits ist nichts verdächtiger als der reife Literat mittleren Alters, der sich hinsetzt, um Charaktere zu erfinden und dann all ihre Geheimnisse auszuplaudern. Die französische Abkehr von der klassischen Form des Romans war eine Reaktion auf den allwissenden Autor. Wenn man Marguerite Duras fragt, was ihre Romanfigur fühlt, dann antwortet sie oft: »Wie soll ich das wissen?«; und wenn man Robbe-Grillet fragt, warum eine Person eine gewisse Handlung ausgeführt hat, dann könnte er antworten: »Ich weiß nichts weiter, als daß er die Tür mit der rechten Hand geöffnet hat.« Aber diese Denkart hat das französische Theater noch nicht erreicht, wo immer noch auf der ersten Probe der Autor eine Ein-Mann-Show abzieht und alle Rollen vorliest und ausspielt. Das ist die übertriebenste Form der Tradition, die überall nur schwer auszurotten ist. Der Autor ist gezwungen worden, aus seiner Besonderheit eine Tugend zu machen und sein Schriftstellertum als Krücke für sein Selbstgefühl zu gebrauchen, das, wie er im Herzen selber weiß, durch sein Werk nicht gerechtfertigt ist. Vielleicht ist die ungestörte Abgeschiedenheit von tiefer Bedeutung für die Persönlichkeit des Schriftstellers. Es ist möglich, daß er nur bei geschlossenen Türen und in einer Selbstbefragung die inneren Bilder und Konflikte, von denen er in der Öffentlichkeit nie reden würde, in eine Form zwingen kann. Wir wissen nicht, wie Aeschylus oder Shakespeare gearbeitet haben. Wir wissen nur, daß nach und nach das Band zwischen dem Mann, der zu Hause sitzt und das Ganze auf Papier ausarbeitet, und der Welt der Schauspieler und Bühnen dünner und dünner wird und immer unbefriedigender. Die besten englischen Dramen kommen vom Theater selbst: Wesker, Arden, Osborne, Pinter, um augenfällige Beispiele zu wählen, sind alle sowohl Regisseure und Schauspieler als auch Schriftsteller - und zuzeiten waren sie sogar als Agenten tätig.

Trotzdem, ob Gelehrter oder Schauspieler, zu wenige Autoren kann man wirklich inspirierend oder inspiriert nennen. Wäre der Autor Herr und nicht Opfer, so könnte man sagen, er hätte das Theater verraten. So kann man nur behaupten, er verrate das Theater durch Unterlassung - die Autoren erfüllen nicht die Herausforderung der Zeit. Natürlich gibt es Ausnahmen, glänzende, verblüffende, hier und da. Aber ich denke wieder an die Vielzahl schöpferischer Arbeiten im Bereich des Films, und man vergleiche damit, wie viele neue dramatische Texte in der Welt produziert werden. Wenn sich neue Stücke anheischig machen, die Wirklichkeit nachzuahmen, spüren wir mehr die Nachahmung als die Wirklichkeit; wenn sie Charaktere abtasten, gehen sie selten über das Stereotype hinaus; wenn sie Diskussion bieten, wird die Diskussion selten zu fesselnden Extremen geführt. Selbst wenn es die Qualität des Lebens ist, die sie darstellen wollen, bekommen wir meistens

nicht mehr geboten als die literarische Qualität der wohl-
geformten Phrase; bemühen sie sich um soziale Kritik,
gelangen sie selten ans Herz eines sozialen Problems;
wenn sie Gelächter wollen, dann meistens mit abgegrif-
fenen Mitteln.

Infolgedessen sind wir oft gezwungen, zwischen der
Aufmöbelung alter Stücke oder der Inszenierung neuer
Stücke zu wählen, die wir unzulänglich finden, nur als
Geste an die Gegenwart. Oder zu versuchen, ein Stück
selbst auf die Beine zu stellen - so zum Beispiel, als eine
Gruppe von Schauspielern und Schriftstellern im Royal
Shakespeare Theatre, die ein bisher nicht existierendes
Stück über Vietnam haben wollte, sich daran machte,
eins anzufertigen, wobei sie die Technik der Improvisation und der autorlosen Erfindung einsetzte, um das Vakuum zu füllen. Gruppenerfindung kann, wenn die
Gruppe ›reich‹ ist, unendlich viel reicher sein als das Pro-
dukt eines schwachen Individualismus - und beweist doch
nichts. Schließlich braucht man doch die Autorenschaft,
um eine letzte Dichte und einen leuchtenden Mittelpunkt
zu schaffen, die im Kollektivwerk fast notwendigerweise
fehlen.

Theoretisch sind wenige Menschen so frei wie der
dramatische Stückeschreiber. Er kann die ganze Welt
auf seine Bühne bringen. Aber tatsächlich ist er seltsam
scheu. Er sieht aufs ganze Leben und erblickt wie wir
alle nur einen winzigen Ausschnitt; einen Ausschnitt,
von dem ein einziger Aspekt seine Phantasie erregt. Leider bemüht er sich selten, dieses Einzelstück zu einer
größeren Struktur in Beziehung zu setzen - es ist, als
akzeptiere er ohne Frage seine Eingebung als umfassend,
seine Wirklichkeit als die ganze Wirklichkeit. Es ist, als

schlösse ihn der Glaube an die Subjektivität als sein Werkzeug und seine Kraft von jeder Dialektik zwischen dem aus, was er sieht, und dem, was er begreift. Daher gibt es entweder den Autor, der seine inneren Erfahrungen in solcher Tiefe und Dunkelheit erforscht, daß er nur einer Elite gefallen kann, oder denjenigen, der diese Gefilde meidet, weil er vor allem ein größeres Publikum wünscht. Hätte Shakespeare nie gelebt, würden wir verständlicherweise die Theorie vertreten, daß sich diese beiden nie vereinen können. Das elisabethanische Theater hat es aber gegeben - und unseligerweise hängt dieses Beispiel immer über unseren Häuptern. Vor vierhundert Jahren konnte ein Dramatiker danach streben, das Schema der Ereignisse in der Außenwelt, die inneren Vorgänge kompliziert empfindender und als Individuen isolierter Menschen und den mächtigen Zug ihrer Ängste und Ehrgeize in einen offenen Konflikt zu bringen. Drama war Bloßstellung, war Konfrontation, war Widerspruch und führte zur Analyse, Beteiligung, Erkenntnis und schließlich zum Erwachen des Verständnisses. Shakespeare war kein Gipfel ohne Basis, der magisch auf einer Wolke schwebte: Er wurde von Dutzenden geringerer Dramatiker gestützt - die natürlich immer geringere Fähigkeiten aufwiesen, aber seinen Ehrgeiz teilten, sich mit dem, was Hamlet »der Zeiten Spott und Geißel« nannte, auseinanderzusetzen. Ein neoelisabethanisches Theater, das sich auf Vers und Prunk gründet, wäre aber ein Unding. Das zwingt uns, das Problem näher zu betrachten und zu entdecken, was denn die besonderen Qualitäten Shakespeares waren. Eine einfache Tatsache drängt sich sofort auf. Shakespeare gebrauchte dieselbe Einheit, die auch heute gegeben ist: ein paar

Stunden der öffentlichen Zeit. Er gebrauchte diese Zeitspanne, um Sekunde auf Sekunde eine Fülle lebendigen Materials von unglaublicher Reichhaltigkeit zusammenzuballen. Dieses Material existiert gleichzeitig auf unendlich vielen Ebenen. Es gründet tief und reicht hoch: die technischen Mittel, den Gebrauch von Vers und Prosa, die vielen wechselnden Szenen - aufregend, komisch, beunruhigend - mußte der Autor entwickeln, um seine Bedürfnisse zu befriedigen. Und der Autor hatte ein genaues menschliches und soziales Ziel, das ihm den Grund lieferte, nach seinen Themen, seinen Mitteln zu suchen - den Grund schließlich, Theater zu machen. Wir sehen den heutigen Autor noch in die Fesseln der Anekdote, der Folgerichtigkeit und des Stils geschlagen, von den Überbleibseln der viktorianischen Werte konditioniert, so daß er Ehrgeiz und Anmaßung für Schimpfworte hält. Wie dringend braucht er beide! Wäre er nur ehrgeizig, wollte er nur nach dem Himmel greifen! Denn so lange er ein Vogel Strauß ist, ein isolierter Vogel Strauß, kann das nie geschehen. Bevor er seinen Kopf erheben kann, muß auch er derselben Krise ins Auge sehen. Auch er muß entdecken, was nach seiner Überzeugung das Theater bedeutet.

Natürlich kann ein Autor nur mit dem arbeiten, was er hat, und nicht aus seiner Sensibilität herausspringen. Er kann sich nicht dazu überreden, besser oder anders zu sein, als er ist. Er kann nur über das schreiben, was er sieht und denkt und fühlt. Aber in einer Hinsicht kann er das zu seiner Verfügung stehende Instrument verbessern. Je klarer er die Lücken in seinen Beziehungen erkennt - je genauer er merkt, daß er weder tief genug in genügend Aspekten des Lebens noch tief genug in genügend Aspekten des Theaters engagiert ist und daß seine notwendige Abschließung auch sein Gefängnis ist –, desto eher kann er Möglichkeiten finden, Beobachtungs- und Erfahrungsfäden zu verknüpfen, die es bisher noch nicht waren.

Ich möchte noch genauer die Herausforderung präzisieren, die sich dem Schriftsteller bietet. Die Bedürfnisse des Theaters haben sich gewandelt, jedoch ist der Unterschied nicht nur eine Sache der Mode. Es ist nicht so, daß vor fünfzig Jahren ein Theatertyp im Schwange war, während heutzutage der Autor, der den ›Puls der Öffentlichkeit‹ fühlt, seinen Weg zu einem neuen Idiom finden kann. Der Unterschied ist der, daß die Dramatiker lange Zeit erfolgreich Werte anderer Gebiete auf das Theater übertragen haben. Wenn ein Mann ›schreiben‹ konnte – und Schreiben bedeutete die Fähigkeit, Worte und Sätze modisch und elegant zusammenzustellen –, dann akzeptierte man das als Start zum guten Schreiben für das Theater. Wenn ein Mann eine gute Handlung erfinden konnte oder gute Verwicklungen oder was man als ›Verständnis für die menschliche Natur‹ beschrieben hat, dann betrachtete man diese Dinge zumindest als wesentliche Stufen zur guten Stückeschreiberei. Jetzt sind aber die lauen Tugenden der handwerklichen Tüchtigkeit, der vernünftigen Konstruktion, der wirkungsvollen Vorhänge und des knisternden Dialogs alle gründlich in Verruf geraten. Nicht zuletzt haben die Einflüsse des Fernsehens das Publikum aller Klassen in der ganzen Welt dazu erzogen, sofort zu urteilen – sobald es auf dem Bildschirm eine Einstellung sieht –, so daß der durchschnittliche erwachsene Mensch ständig Szenen und Charaktere ohne Hilfe und ohne die Assistenz eines guten Handwerkers mit Exposition und Erklärung leicht einordnen kann. Dadurch, daß die nicht theatralischen Tugenden dauernd im Kurs sinken, wird der Weg frei für andere Tugenden. Diese sind in der Tat der Theaterform enger verwandt und stellen zudem höhere Anforderungen. Denn wenn man davon ausgeht, daß eine Bühne eine Bühne ist - nicht ein gegebener Ort zur Ausbreitung eines theatralisch abgehandelten Romans, eines Gedichts, eines Vortrags oder einer Story -, dann existiert das auf dieser Bühne gesprochene Wort nur in bezug auf die Spannungen, die mit seiner Hilfe auf der Bühne und innerhalb der gegebenen Bühnenverhältnisse erzeugt werden - oder existiert nicht. Mit anderen Worten, obwohl der Dramatiker das eigene, von dem ihn umgebenden genährte Leben in sein Werk einbringt - die leere Bühne ist kein Elfenbeinturm -, sind die Wahl, die er trifft, und die Werte, die er sich setzt, nur überzeugungskräftig im Verhältnis zu dem, was sie in der Sprache des Theaters schaffen. Man kann dafür viele Beispiele aufführen, wo immer ein Autor aus politischen oder moralischen Gründen ein Stück als Vermittler einer Botschaft einzusetzen sucht. Was auch die Botschaft taugen mag, schließlich funktioniert so etwas nur auf Grund der Werte, die der Bühne selbst zu eigen sind. Ein Autor kann sich heute leicht betrügen, wenn er glaubt, er könne eine ›konventionelle‹ Form als Hilfsmittel benutzen. Das ging, als die konventionellen Formen für die Zuschauer noch lebendig waren. Heute, wo die konventionellen Formen sich nicht mehr behaupten, muß selbst der Autor, dem das Theater als solches schnuppe ist und den nur kümmert, was er sagen will, an der Wurzel anfangen - indem er das Problem der eigentlichen dramatischen Aussage ins Auge faßt. Einen Ausweg gibt es nicht - es sei denn, er will sich mit einem Mittel aus zweiter Hand behelfen, das nicht mehr funktioniert und kaum imstande sein wird, ihn zum gewünschten Ziel zu bringen. Hier liegt das eigentliche Problem des Autors, und das wahre Problem des Regisseurs geht damit konform.

Wenn ich einen Regisseur sich beredsam darüber auslassen höre, daß er dem Autor dient und daß das Stück für sich selbst sprechen kann, dann erwacht mein Argwohn, denn das ist am schwersten. Wenn man ein Stück nur sprechen läßt, dann gibt es vielleicht keinen Ton von sich. Wenn man will, daß das Stück gehört wird, dann muß man den darin liegenden Ton beschwören. Das verlangt viele überlegte Handlungen, und das Ergebnis kann dann sehr einfach sein. Wenn man sich jedoch bemüht, ›einfach zu sein‹, kann sich das sehr negativ auswirken, als leichtfertiges Umgehen der schwierigen Schritte zur einfachen Antwort.

Die Rolle des Regisseurs ist seltsam: er will kein Gott sein, und doch ist das in seiner Rolle enthalten. Er will fehlbar sein, und doch besteht eine instinktive Verschwörung der Schauspieler, ihn zum Richter zu setzen, denn ein Richter wird die ganze Zeit so dringend gebraucht. In gewisser Weise ist der Regisseur ein Betrüger, ein Führer bei Nacht, der das Gelände nicht kennt, und doch hat er keine Wahl - er muß führen und den Weg beim Gehen kennenlernen. Die Tödlichkeit liegt oft auf der Lauer, wenn er diese Situation nicht erkennt und das Beste hofft, wo er sich eigentlich auf das Schlimmste gefaßt machen sollte.

Die Tödlichkeit führt uns wieder zum Problem des

Wiederholens. Der tödliche Regisseur gebraucht oft alte Formeln, alte Methoden, alte Witze, alte Effekte; eingefahrene Szenenanfänge und -schlüsse; und das trifft genauso auf seine Partner zu, die Entwurfzeichner und Komponisten, wenn sie nicht jedesmal neu aus dem Nichts beginnen, aus der Öde und der eigentlichen Frage - warum überhaupt Kostüme, warum Musik, wozu? Ein tödlicher Regisseur ist einer, der die konditionierten Reflexe, die jede Sparte haben muß, nicht in die Schranken fordert.

Seit mindestens einem halben Jahrhundert hat man es gelten lassen, daß das Theater eine Einheit ist und daß alle Elemente miteinander verschmelzen sollten - das hat dann dazu geführt, daß der Regisseur auftauchte. Aber das war weitgehend eine Sache der äußeren Einheit, eine reichlich äußerliche Verschmelzung von Stilen, so daß sich widerstreitende Stile nicht wehtaten. Wenn wir uns überlegen, wie sich die innere Einheit eines komplexen Werkes ausdrücken läßt, dann finden wir vielleicht das genaue Gegenteil - daß das Aufeinanderprallen der Äußerlichkeiten durchaus wesentlich ist. Wenn wir weiter gehen und das Publikum bedenken - und die Gesellschaft, aus der es stammt -, mag die Einheit dieser Elemente am besten von Faktoren gefördert werden, die nach anderen Maßstäben häßlich, mißtönend und destruktiv erscheinen.

Eine stabile und harmonische Gesellschaft braucht vielleicht nur Mittel zu suchen, um ihre Harmonie in ihrem Theater zu spiegeln und zu bestätigen. Derartige Theater könnten darauf ausgehen, Schauspieler und Publikum in einem gemeinsamen ›ja‹ zu vereinen. Aber eine sich wandelnde, chaotische Welt muß oft wählen zwischen einem Theater, das ein falsches ›ja‹ bietet oder eine so kräftige Provokation, daß sich das Publikum in Fragmente des leidenschaftlichen ›nein‹ aufsplittert.

Die Vorträge, die ich über diese Themen gehalten habe, haben mich eine Menge gelehrt. Ich weiß, daß an dieser Stelle immer einer unter den Zuhörern aufspringt und fragt, ob ich a) glaube, daß alle Theater, die nicht die höchsten Ansprüche erfüllen, geschlossen werden sollten, b) ob es schlimm sei, wenn sich die Menschen bei guter Unterhaltung amüsieren, oder c) wie es mit Amateuren stehe.

Meine Antwort ist gewöhnlich, daß ich kein Zensor sein, nichts verbieten und niemandes Spaß verderben will. Ich habe die größte Achtung vor den Repertoire-Theatern und vor Gruppen in der ganzen Welt, die sich unter größten Schwierigkeiten bemühen, das Niveau ihrer Arbeit hochzuhalten. Ich habe die größte Achtung vor dem Vergnügen anderer Leute und vor allem vor ihrer Frivolität. Ich bin selbst aus oft verantwortungslosen Gründen und solchen der Sinnenfreude zum Theater gekommen. Unterhaltung ist großartig. Aber trotzdem frage ich meine Zuhörer, ob sie im ganzen wahrhaftig glauben, daß ihnen das Theater gibt, was sie sich erwarten oder wünschen.

Ich habe nicht viel gegen Verschwendung, aber ich finde es schade, wenn man nicht weiß, was man verschwendet. Manche alten Damen benutzen alte Pfundnoten als Lesezeichen: Das ist nur töricht, wenn es aus Geistesabwesenheit geschieht.

Das Problem des tödlichen Theaters ist wie das Problem des tödlichen Langweilers. Jeder tödliche Langweiler hat Kopf, Herz, Arme, Beine; gewöhnlich hat er Familie und Freunde, er hat sogar seine Bewunderer. Und doch seufzen wir, wenn wir ihm begegnen - und mit diesem Seufzen bedauern wir, daß er irgendwie am Boden statt auf der Höhe seiner Möglichkeiten ist. Wenn wir tödlich sagen, meinen wir niemals tot: wir meinen etwas betrüblich Aktives, das aber gerade deswegen zur Änderung fähig ist. Der erste Schritt zu dieser Änderung ist die Erkenntnis der unschönen Tatsache, daß der größte Teil des sogenannten Theaters auf der ganzen Welt die Travestie eines Wortes ist, das einmal sinnvoll war. Krieg oder Frieden, der kolossale Schauwagen der Kultur rollt weiter und trägt die Spuren eines jeden Künstlers auf den stets wachsenden Müllhaufen. Theater, Schauspieler, Kritiker und Publikum sind in einer Maschine ineinander verkeilt, die knarrt, aber niemals anhält. Es ist immer eine neue Saison zugange, und wir sind zu beschäftigt, um die einzige entscheidende Frage zu stellen, die der ganzen Struktur das Maß anlegt: Warum überhaupt Theater? Wozu? Ist es Anachronismus, ein veraltetes Unikum, das am Leben bleibt wie ein altes Monument oder eine bizarre Sitte? Warum klatschen wir Beifall, und wofür? Hat die Bühne einen wahren Platz in unserem Leben? Welche Funktion kann sie haben? Wozu kann sie dienen? Was kann sie erforschen? Was sind ihre spezifischen Eigenschaften?

In Mexiko mußten vor der Erfindung des Rades Sklavenschwärme riesige Steine durch den Dschungel und in die Berge hinauf schleppen, während die Kinder ihre Spielsachen auf winzigen Rollen zogen. Die Väter machten die Spielsachen, aber konnten jahrhundertelang die Verbindung nicht herstellen. Wenn gute Schauspieler in schlechten Komödien oder zweitrangigen Musicals spielen, wenn Zuhörer uninteressanten klassischen Stükken Beifall klatschen, weil sie nur die Kostüme oder die Art des Szenenwechsels oder das hübsche Aussehen der Hauptdarstellerin genießen, dann ist dagegen nichts zu sagen. Aber trotzdem: haben sie gemerkt, was sich unter dem Spielzeug befindet, das sie am Faden ziehen? Es ist ein Rad.

2

Das heilige Theater

Ich nenne es der Kürze halber das ›heilige Theater‹, aber man könnte es auch das ›sichtbar gemachte unsichtbare Theater‹ nennen. Die Idee, daß die Bühne ein Ort ist, wo das Unsichtbare erscheinen kann, hält unsere Gedanken gefangen. Wir sind uns alle bewußt, daß der größte Teil des Lebens unseren Sinnen entgeht. Eine sehr einleuchtende Erklärung der verschiedenen Künste ist die, daß sie von Mustern sprechen, die wir erst dann erkennen können, wenn sie sich in Rhythmen oder Formen äußern. Wir beobachten, daß das Verhalten von Menschen, Massen und der Geschichte derartigen wiederkehrenden Mustern unterliegt. Wir hören, daß Posaunen die Mauern von Jericho zerstört haben, wir merken, daß ein Musik genanntes Zauberding von Männern mit Frack und weißer Binde kommen kann, die blasen, winken, hauen und kratzen. Trotz der dazu verwendeten absurden Mittel erkennen wir durch das Konkrete in der Musik hindurch das Abstrakte und verstehen, daß gewöhnliche Menschen und ihre unhandlichen Instrumente durch eine besitzergreifende Kunst verwandelt werden. Wir bauen um den Dirigenten einen Persönlichkeitskult, aber wir sind uns bewußt, daß nicht er eigentlich die Musik macht, sie macht ihn - wenn er entspannt, offen und eingestimmt ist, ergreift das Unsichtbare von ihm Besitz: durch ihn erreicht es uns.

Das ist die Idee, der wahre Traum hinter den entwerteten Idealen des ›tödlichen‹ Theaters. Das ist die Meinung und Erinnerung derjenigen, die mit Gefühl und Ernst große verschwommene Worte gebrauchen wie Adel, Schönheit, Poesie, die ich lieber hinsichtlich der von ihnen angedeuteten Eigenschaften noch einmal revidieren möchte. Das Theater ist das letzte Forum, wo der Idealismus noch eine offene Frage ist: Viele Zuschauer in der ganzen Welt würden aus eigenem Erleben positiv behaupten, daß sie das Antlitz des Unsichtbaren durch ein Erlebnis auf der Bühne gesehen hätten, das über ihre Lebenserfahrung hinausgehe. Sie werden behaupten, daß *Ödipus* oder *Bérénice* oder *Hamlet* oder *Die drei Schwestern*, wenn sie mit Schönheit und Liebe inszeniert sind, den Geist beflügeln und sie daran erinnern, daß der trübe Alltag nicht alles ist. Wenn sie das zeitgenössische Theater wegen seiner Küchenspülbecken und Grausamkeiten tadeln, dann wollen sie in allen Ehren dies ausdrücken. Sie erinnern sich, daß während des Krieges das romantische Theater, das Theater der Farben und Töne, der Musik und Bewegung wie Wasser zum Durst des dürren Lebens kam. Damals nannte man es ›Flucht‹, aber das Wort war nur teilweise zutreffend. Es war eine Flucht, aber auch eine Mahnung: ein Singvogel in der Gefängniszelle. Als der Krieg zu Ende war, bemühte sich das Theater noch heftiger als zuvor, die gleichen Werte zu finden.

Das Theater der späten vierziger Jahre hatte viele Triumphe: es war das Theater von Jouvet und Bérard, von Jean-Louis Barrault, von Clavé beim Ballett, *Don*

Juan, *Amphitryon*, *Die Irre von Chaillot*, *Carmen*, John Gielguds Wiederbelebung von *Bunburry*, *Peer Gynt* im Old Vic, Oliviers *Ödipus*, Oliviers *Richard III.*, *Die Dame ist nicht fürs Feuer*, *Venus im Licht*; von Massine im Covent Garden unter dem Vogelkäfig in *Der Dreispitz*, wie er vor fünfzehn Jahren gewesen war – das war ein Theater der Farbe und Bewegung, feiner Stoffe, der Schatten, exzentrischer, kaskadengleich fallender Worte, der Gedankensprünge und schlauer Maschinen, der Leichtigkeit und aller Formen von Spannung und Überraschung – es war das Theater des zerwalkten Europas, das ein gemeinsames Ziel zu haben schien: auf eine Erinnerung verlorener Gnade zurückzugreifen.

Als ich an einem Nachmittag des Jahres 1946 die Reeperbahn in Hamburg entlangging, während ein feuchter, bedrückender grauer Nebel die verzweifelten, verstümmelten Dirnen mit blau angelaufenen Nasen, hohlen Wangen, und manche an Krücken, umwallte, sah ich eine Schar Kinder sich aufgeregt in die Tür eines Nachtklubs drängen. Ich folgte ihnen. Auf der Bühne war ein hellblauer Himmel, zwei elende bunte Clowns saßen auf einer gemalten Wolke, um die Himmelskönigin zu besuchen. »Worum sollen wir bitten?« fragte der eine. »Was zu essen«, sagte der andere, und die Kinder kreischten Beifall. »Was sollen wir essen?« »Schinken, Leberwurst...« Der Clown begann, all die Nahrungsmittel aufzuzählen, die nicht zu haben waren, und das aufgeregte Kreischen wich allmählich einem Schweigen – einem Schweigen, das sich zu einer tiefen theatralischen Stille verdichtete. Ein Bild wurde Wirklichkeit, als Antwort auf ein Bedürfnis.

In der ausgebrannten Ruine des Hamburger Opernhauses war nur die Bühne selbst erhalten - aber darauf versammelten sich die Zuschauer, während zur Rückwand hin auf einem oblatendünnen Bühnenraum die Sänger auf- und abkletterten, um den *Barbier von Sevilla* zu spielen, weil sie sich darin durch nichts beirren ließen. In einem winzigen Bodenraum waren fünfzig Leute zusammengepfercht, während in den paar noch übrigen Quadratzoll eine Handvoll der besten Schauspieler entschlossen fortfuhr, ihre Kunst zu üben. Im zertrümmerten Düsseldorf verbreitete eine der minderen Offenbach-Operetten über Schmuggler und Banditen im Theater Entzücken. Da gab es nichts zu diskutieren, nichts zu analysieren - in Deutschland war in diesem Winter, wie in London ein paar Jahre vorher, das Theater die Antwort auf einen Hunger. Aber was war dieser Hunger? War es ein Hunger nach dem Unsichtbaren, ein Hunger nach einer Wirklichkeit, die tiefer war als die vollste Lebensform, oder war es ein Hunger nach Dingen, die man im Leben vermißt, nach Puffern gegen die Wirklichkeit? Die Frage ist heute wichtig, weil viele Leute glauben, daß es in der Vergangenheit noch ein Theater mit gewissen Werten gegeben habe, mit gewissen Fertigkeiten und Künsten, die wir mutwillig zerstört oder beiseite geschoben haben.

Aber wir sollten uns nicht zum Popanz einer Sehnsucht machen lassen. Auch das beste romantische Theater, die zivilisierten Freuden der Oper und des Balletts waren schon grobe Entstellungen einer in ihren Anfängen heiligen Kunst. Im Laufe der Jahrhunderte verwandelten sich die orphischen Riten zur Gala-Vorstellung - aber die Verwässerung mußte langsam und unmerklich vor sich gehen; der Wein wurde Tropfen um Tropfen gepanscht. Jetzt ist es plötzlich damit vorbei, und wir kehren den Träumen den Rücken zu.

Der Vorhang ist das große Symbol einer ganzen Theaterschule - der rote Vorhang, das Rampenlicht, die Vorstellung, daß wir wieder alle Kinder sind, die Sehnsucht und die Zauberei gehörten alle zu einem Komplex; Gordon Craig hat sein ganzes Leben lang gegen das Illusionstheater gewettert, aber seine liebsten Erinnerungen waren gemalte Bäume und Wälder, und seine Augen leuchteten, wenn er die Wirkungen eines *trompe d'œil* beschrieb. Aber der Tag brach an, an dem derselbe rote Vorhang keine Überraschungen mehr verbarg, als wir nicht mehr Kinder sein wollten - und zu sein brauchten -, als die derbe Zauberei sich einem härteren Gemeinverstand beugte; da wurden der Vorhang heruntergeholt und die Rampenlichter entfernt.

Gewiß wollen wir in unseren Künsten noch die unsichtbaren Strömungen einfangen, die unser Leben beherrschen, aber unsere Sicht ist nun mit der dunklen Seite des Spektrums verknüpft. Heute scheint das Theader des Zweifels, der Unruhe, der Sorge, der Angst wahrer als das Theater mit edlem Ziel. Selbst wenn das Theater an seinem Anfang Riten hatte, die das Unsichtbare Fleisch werden ließen, dürfen wir nicht vergessen, daß mit Ausnahme einiger orientalischer Theater die Riten entweder verlorengegangen sind oder jämmerlich verrottet. Bachs Vorstellungen sind durch die Präzision seiner Anmerkungen genau erhalten, bei Fra Angelico begegnen wir einer echten Fleischwerdung, aber wenn wir heute solche Versuche unternehmen wollten, wo fänden wir die Quelle? In Coventry ist zum Beispiel eine neue Kathedrale gebaut worden, und zwar nach

63

dem besten Rezept, das ein edles Resultat garantiert. Ehrliche, ernste Künstler, die ›besten‹, haben sich zusammengeschart, um durch einen kollektiven Akt den zivilisierten Versuch zu unternehmen, Gott und Mensch, Kultur und Leben zu verherrlichen. Daher gibt es also ein neues Gebäude, schöne Ideen, herrliche Glasarbeit - nur das Ritual ist fadenscheinig. Diese alten und modernen Hymnen, die vielleicht in einer kleinen Landkirche ihren Reiz hätten, die Zahlen an den Wänden, diese Priesterkragen und die Lektionen - sie sind hier bedauerlich unzulänglich. Das neue Bauwerk schreit nach einem neuen Zeremoniell, aber natürlich hätte dies zuerst kommen sollen - denn das Zeremoniell in allen seinen Bedeutungen hätte die Gestaltung des Baus bestimmen sollen, wie es ja auch war, als die großen Moscheen und Kathedralen und Tempel gebaut wurden. Guter Wille, Ernst, Andacht und der Glaube an Kultur reichen nicht ganz aus: Die äußere Form kann nur dann echte Autorität beanspruchen, wenn das Zeremoniell gleiche Autorität besitzt - und wer kann heute tatsächlich die Richtung bestimmen? Natürlich müssen wir heute wie zu allen Zeiten wahre Riten zelebrieren, aber für Riten, die den Theaterbesuch zu einem den Geist beflügelnden Erlebnis machen, braucht man wahre Formen. Die stehen uns nicht zur Verfügung, und Konferenzen und Beschlüsse bringen sie nicht näher.

Der Schauspieler lauscht vergebens auf den Klang einer versunkenen Tradition, der Kritiker und das Publikum machen mit. Wir haben jeglichen Sinn für Ritual und Zeremoniell verloren - seien sie nun mit Weihnachten, Geburtstagen oder Beerdigungen verbunden -, aber die Worte sind uns erhalten und alte Impulse regen sich im Mark. Wir fühlen, daß wir Riten haben sollten, daß wir ›etwas‹ tun sollten, um sie zu bekommen, und machen die Künstler verantwortlich, daß sie sie für uns nicht ›finden‹. So versucht der Künstler zuweilen, nur mit Hilfe seiner Phantasie neue Rituale zu entdecken: Er imitiert die äußere Form von Zeremonien, unseligerweise heidnisch oder barock - und fügt seine eigenen Kinkerlitzchen hinzu. Das Resultat überzeugt selten. Und nach Jahren und Jahren immer schwächerer und wäßrigerer Nachahmungen sind wir jetzt so weit, daß wir die ganze Idee der heiligen Bühne ablehnen. Es ist nicht die Schuld des Heiligen, daß es zu einer Waffe der Mittelklasse geworden ist, damit die Kinder artig bleiben.

Als ich im Jahre 1946 zum erstenmal nach Stratford ging, war jeder denkbare Wert in tödlicher Sentimentalität und selbstgefälliger Achtbarkeit begraben - ein Traditionalismus, der weitgehend von der Stadt, den Gelehrten und der Presse begrüßt wurde. Es bedurfte der Kühnheit eines sehr außergewöhnlichen alten Herrn, Sir Barry Jacksons, um all das aus dem Fenster zu befördern und so von neuem die echte Suche nach echten Werten zu ermöglichen. Und dann sah ich in Stratford ein paar Jahre später, beim offiziellen Frühstück zur Feier von Shakespeares 400. Geburtstag, ein deutliches Beispiel für den Unterschied zwischen dem, was ein Ritual ist und was es sein könnte. Man hatte das Gefühl, daß Shakespeares Geburtstag eine rituelle Feier erforderte. Die einzige Feier, an die man sich vage erinnern konnte, war mit einem Bankett verbunden. Und heutzutage bedeutet ein Bankett eine Liste von Leuten aus *Wer ist wer*, die sich um Prinz Philip gruppieren und geräucherten Lachs und Steak verzehren. Botschafter nickten einander zu und reichten den rituellen Rotwein herum. Ich plauderte mit dem Parlamentsmitglied von Stratford. Dann hielt jemand eine formelle Ansprache, wir hörten höflich zu - und standen auf, um auf William Shakespeare einen Toast auszubringen. In dem Augenblick, als die Gläser klirrten - nicht länger als den Bruchteil einer Sekunde -, durchzuckte das gemeinsame Bewußtsein aller Anwesenden und aller, die sich dieses eine Mal auf eine Sache konzentrierten, die Erkenntnis, daß vor vierhundert Jahren solch ein Mann gelebt hatte und daß wir aus diesem Grunde hier versammelt waren. Einen Atemzug lang vertiefte sich die Stille, ein Hauch von Bedeutsamkeit war da - der einen Augenblick später wieder verwischt und vergessen war. Wenn wir mehr von Riten verstünden, dann wäre die rituelle Feier für einen Menschen, dem wir so viel verdanken, vielleicht beabsichtigt und nicht zufällig gewesen. Sie wäre vielleicht so mächtig gewesen wie alle seine Stücke und ebenso unvergeßlich. Aber wir wissen nicht, wie man feiert, da wir nicht wissen, was man feiern soll. Wir wissen nur das Endresultat: Wir kennen und mögen das Gefühl und das Geräusch des Feierns durch Beifall, und darin bleiben wir stecken. Wir vergessen, daß es für das Theatererleben zwei Höhepunkte gibt. Es gibt einen Höhepunkt des Feierns, wobei unsere Teilnahme sich in Trampeln und Rufen äußert, Bravorufen und Lärm der Hände, oder, am anderen Ende des Stockes, den Höhepunkt des Schweigens - eine andere Form der Anerkennung und Dankbarkeit für ein gemeinsames Erlebnis. Wir haben weitgehend das Schweigen vergessen. Es berührt uns sogar peinlich; wir klatschen mechanisch in die Hände, weil wir nicht wissen, was wir sonst tun sollen, und wir denken gar nicht daran, daß Schweigen auch erlaubt, auch gut ist.

Nur wenn ein Ritual sich auf unserer Ebene zuträgt, werden wir befugt, damit umzugehen. Die gesamte Pop-Musik ist eine Reihe von Ritualen auf einer Ebene, zu der wir Zutritt haben. Peter Halls große und reiche Leistung in seinem Zyklus von Shakespeares ›Rosenkriegen‹ bediente sich des Attentats, der Politik, der Intrige und des Kriegs; David Rudkins erschreckendes Stück *Afore Night Come* war ein Ritual des Todes; *West Side Story* ein Ritual großstädtischer Gewalttat; Genet schafft Rituale der Sterilität und Entwürdigung. Als ich mit dem *Titus Andronicus* auf Tournee ging, hat dieses undurchsichtige Werk Shakespeares die Zuschauer unmittelbar berührt, weil wir darin ein Ritual des Blutvergießens entdeckt hatten, das man als wahr empfand. Und das führt mitten in die Kontroverse, die sich in London an den sogenannten ›unzüchtigen Stücken‹ entzündete. Man beklagte sich, daß sich das Theater heute im Elend suhlt, daß bei Shakespeare, in der großen klassischen Kunst, ein Auge immer auf die Sterne gerichtet ist, daß der Ritus des Winters immer den Ritus des Frühlings einschließt. Ich glaube, das stimmt. In gewisser Weise stimme ich völlig mit unseren Gegnern überein - aber nicht, wenn ich ihre Vorschläge sehe. Sie suchen nicht nach einem heiligen Theater, sie sprechen nicht von einem Theater der Wunder: sie sprechen von dem zahmen Stück, wo ›höher‹ nur ›netter‹ bedeutet - ›edel‹ sein heißt nur ›anständig‹ sein - nun ja, glückliche Ausgänge und Optimismus kann man sich nicht bestellen wie Wein vom Keller. Sie entspringen, ob wir's nun wollen oder nicht, einer Quelle, und wenn wir so tun, als ob eine solche Quelle leicht zur

Hand sei, dann betrügen wir uns nur immer weiter mit faulen Nachahmungen. Wenn wir erkennen, wie verzweifelt weit wir uns von allem entfernt haben, was mit dem heiligen Theater zu tun hat, dann können wir ein für allemal den Traum abtun, daß ein gutes Theater gleich wieder da ist, wenn sich nur ein paar nette Leute mehr darum bemühen.

Mehr und mehr streben wir nach einem Erlebnis, das die Routine hinter sich läßt. Manche suchen es im Jazz, in klassischer Musik, in Marihuana und LSD. Im Theater schrecken wir vorm Heiligen zurück, weil wir nicht wissen, was es sein könnte - wir wissen nur, daß das sogenannte Heilige uns enttäuscht hat, wir schrecken vorm sogenannten Poetischen zurück, weil das Poetische uns enttäuscht hat. Versuche, das poetische Drama zu häufig wiederzubeleben, haben zu etwas Verwaschenem oder Obskurem geführt. ›Poetisch‹ ist ein sinnentleerter Begriff geworden, und seine Assoziation mit Wortmusik, mit süßen Lauten ist ein Nachgeschmack der Tradition Tennysons, die sich irgendwie um Shakespeare geschlungen hat, so daß wir in der Idee befangen sind, ein Versdrama stehe halbwegs zwischen Prosa und Oper, weder gesprochen noch gesungen und doch mit einer höheren Ladung als Prosa versehen - höher im Inhalt und höher auch irgendwie im sittlichen Wert.

All die Formen der sakralen Kunst sind unzweifelhaft durch die bürgerlichen Werte zerstört worden, aber diese Art der Feststellung hilft bei unserem Problem nicht weiter. Es ist töricht, die Abneigung gegen bürgerliche Formen in eine Abneigung gegen Bedürfnisse zu kehren, die allen Menschen gemeinsam sind: Wenn das Bedürfnis nach echter Berührung mit einer sakralen Unsichtbarkeit durch das Theater noch vorhanden ist, dann müssen alle verfügbaren Mittel neu geprüft werden.

Man hat mir zuweilen vorgeworfen, daß ich das gesprochene Wort zerstören wolle, und in diesem absurden Vorwurf steckt tatsächlich ein Gran Wahrheit. Durch die Verschweißung mit dem amerikanischen Idiom ist unsere sich ständig wandelnde Sprache zu einem noch nicht dagewesenen Reichtum gelangt, und doch scheint es nicht so, als sei das Wort für die Dramatiker das gleiche Werkzeug wie einst. Liegt es daran, daß wir in einem Zeitalter der Bilder leben? Oder daß wir durch eine Periode der Bildersättigung gehen müssen, damit sich der Bedarf nach Sprache wieder einstellt? Das ist gut möglich, denn heute scheinen die Schriftsteller unfähig zu sein, durch das Mittel der Worte Ideen und Bilder mit elisabethanischer Kraft aufeinanderprallen zu lassen. Der einflußreichste moderne Dramatiker, Brecht, schrieb volle und reiche Texte, aber die eigentliche Überzeugungskraft seiner Stücke läßt sich von der Bildersprache seiner eigenen Inszenierungen nicht trennen. Und doch hat in dieser Wüste ein Prophet die Stimme erhoben. Ein erleuchteter Geist, Antoine Artaud, der gegen die Sterilität des französischen Theaters vor dem Krieg Sturm lief, hat Essays geschrieben, in denen er aus seiner Phantasie und Intuition ein anderes Theater beschrieb - ein heiliges Theater, in dem die brennende Mitte durch die ihm zunächst stehenden Formen spricht. Ein Theater, das funktioniert wie die Pest, durch Ansteckung, durch den Rausch, durch Analogie, durch Magie; ein Theater, in dem das Stück, das Ereignis als solches an Stelle eines Textes steht.

Gibt es eine andere Sprache, die für den Autor so anspruchsvoll ist wie die Sprache der Worte? Gibt es eine Sprache der *actions,* eine Sprache der Töne - eine Sprache der Worte-als-Teil-der-Bewegung, Worte-als-Lüge, Worte-als-Parodie, Worte-als-Abfall, Worte-als-Widerspruch, Wort-Schock oder Wort-Schrei? Wenn wir vom Mehr-als-Literarischen reden, wenn Dichtung das bedeutet, was mehr verdichtet und tiefer dringt - liegt es da? Charles Marowitz und ich haben am Royal Shakespeare Theatre eine Gruppe gegründet, die sich ›Theater der Grausamkeit‹ nennt, um diese Fragen zu untersuchen und für uns zu lernen, was ein heiliges Theater sein könnte.

Der Titel war als Huldigung für Artaud gedacht, bedeutete aber nicht, daß wir versuchten, Artauds eigenes Theater zu rekonstruieren. Alle, die wissen wollen, was ›Theater der Grausamkeit‹ bedeutet, sollten sich an Artauds eigene Schriften halten. Wir haben dieses auffällige Etikett benutzt, um unsere eigenen Experimente zu decken, die weitgehend von Artauds Gedanken unmittelbar beeinflußt waren - obwohl viele Übungen sich von seinen Vorschlägen weit entfernten. Wir begannen nicht in der brennenden Mitte, sondern sehr einfach an den Rändern.

Wir setzten einen Schauspieler vor uns hin, forderten ihn auf, sich eine dramatische Situation vorzustellen, die keine körperliche Bewegung benötigte, und dann versuchten wir alle zu begreifen, in welchem Zustand er sich befand. Das war selbstverständlich unmöglich, worauf es bei dieser Übung auch ankam. Die nächste Stufe war die Entdeckung dessen, was er als das Mindeste brauchte, bis eine Verständigung zustande kam: war es ein Klang, eine Bewegung, ein Rhythmus - und waren diese austauschbar -, oder hatte jedes Mittel seine besonderen Stärken und Schranken? So arbeiteten wir also, indem wir drastische Bedingungen aufzwangen. Ein Schauspieler muß eine Idee mitteilen - der Anfang muß immer ein Gedanke oder ein Wunsch sein, den er ausstrahlen muß -, aber er hat zum Beispiel nur einen Finger, einen Ton in der Stimme, einen Schrei oder die Fähigkeit zu pfeifen zu seiner Verfügung.

Ein Schauspieler sitzt an einem Ende des Zimmers, das Gesicht zur Wand. Am anderen Ende ist ein anderer Schauspieler, er betrachtet den Rücken des ersten, der sich nicht bewegen darf. Nun muß der zweite den ersten zum Gehorsam zwingen. Da ihm der erste den Rücken zukehrt, kann der zweite seine Wünsche nur durch Geräusche kundtun, denn Worte sind ihm nicht erlaubt. Das scheint unmöglich, kann aber erreicht werden. Es ist, als überquere man auf einem Seil einen Abgrund: die Notwendigkeit erzeugt plötzlich seltsame Kräfte. Ich habe von einer Frau gehört, die ein großes Auto von ihrem verletzten Kind gehoben hat - eine Leistung, die für ihre Muskeln in jeder voraussehbaren Lage unmöglich war. Ludmilla Pitoeff ging mit einem solchen Herzklopfen auf die Bühne, daß es sie theoretisch jeden Abend hätte töten müssen. Bei dieser Übung haben wir auch viele Male ein gleichermaßen phänomenales Resultat beobachtet: ein langes Schweigen, große Konzentration, ein Schauspieler, der versuchsweise eine Skala von Zisch- oder Gurgellauten durchlief, bis plötzlich der andere Schauspieler aufstand und durchaus zuversichtlich die Bewegung ausführte, die der andere sich vorstellte.

Ähnlich experimentierten diese Schauspieler, um sich mitzuteilen, indem sie mit dem Fingernagel klopften: Sie gingen von einem starken Bedürfnis aus, etwas auszudrücken, und benutzten wieder nur ein einziges Werkzeug. Hier war es Rhythmus - bei anderer Gelegenheit waren es die Augen oder der Hinterkopf. Eine wertvolle Übung war ein Kampf zwischen Partnern, bei dem man jeden Schlag hinnahm und zurückgab, aber nie den anderen berühren durfte, niemals den Kopf bewegen oder die Arme oder Füße. Mit anderen Worten, nur die Bewegung des Rumpfes ist erlaubt: kein realistischer Kontakt kann eintreten, und doch muß der Kampf körperlich und emotionell stattfinden und zu Ende geführt werden. Man sollte derartige Übungen nicht für Gymnastik halten - die Lockerung des muskulösen Widerstands ist nur ein Seitenprodukt -, der Zweck ist die ganze Zeit, den Widerstand zu steigern - durch die Einschränkung der Alternativen -, und dann mit diesem Widerstand zu ringen, bis ein Ausdruck erreicht ist. Es ist dasselbe Prinzip, wie wenn man zwei Stöcke aneinanderreibt. Die Reibung nicht nachgebender Gegenstände erzeugt Feuer - und andere Formen der Verbrennung lassen sich auf dieselbe Weise erzielen. Der Schauspieler entdeckte dabei, daß er zur Mitteilung seiner unsichtbaren Sinngehalte Konzentration und Willenskraft brauchte, er mußte alle emotionellen Reserven aufbringen, er brauchte Mut, er brauchte klare Gedanken. Aber das wichtigste Ergebnis war, daß er unerbittlich zu dem Schluß gedrängt wurde, daß er die Form brauchte. Es genügte nicht, leidenschaftlich zu fühlen - ein schöpferischer Sprung war vonnöten, um die neue Form zu prägen, die ein Behälter und Reflektor seiner Impulse sein könnte. Das ist dann wahrhaft eine ›Aktion‹. Einer der interessantesten Momente trat während einer

Übung ein, bei der jedes Mitglied der Gruppe ein Kind zu spielen hatte. Natürlich brachte einer nach dem anderen die ›Imitation‹ eines Kindes, indem er sich duckte, zappelte oder quäkte - und das Ergebnis war ausgesprochen peinlich. Dann trat der größte der Gruppe vor und spielte zu jedermanns Befriedigung ohne irgendeine körperliche Veränderung, ohne den Versuch, Babysprache zu sprechen, vollkommen die Idee, zu deren Verwirklichung er aufgerufen war. Wie? Ich kann's nicht beschreiben; es geschah als unmittelbare Kommunikation, nur für die Anwesenden. Das nennen manche Theater Magie, andere Wissenschaft, aber es ist ein und dasselbe. Eine unsichtbare Idee wurde richtig schaubar.

Ich sage ›schaubar‹, weil ein Schauspieler, der eine Geste macht, für sich selbst aus seinem tiefsten Bedürfnis heraus schafft, und doch auch für den anderen. Es ist schwierig, die richtige Bedeutung des Zuschauers, der da und nicht da, ignoriert und doch benötigt ist, zu verstehen. Die Arbeit des Schauspielers geschieht niemals für ein Publikum, und doch immer dafür. Der Zuschauer ist ein Partner, der vergessen und doch immer bedacht werden muß: Eine Geste ist Aussage, Ausdruck, Mitteilung und eine private Manifestation der Einsamkeit - sie ist immer das, was Artaud ein Signal durch die Flammen nennt -, aber das schließt eine Beteiligung am Erlebnis ein, sobald der Kontakt hergestellt ist.

Langsam tasteten wir uns an verschiedene wortlose Sprachen heran: Wir nahmen ein Ereignis, ein Erlebnisfragment und verwandelten sie durch Übungen in Formen, die mitteilbar waren. Wir ermutigten die Schauspieler, sich nicht nur als Stegreifspieler zu sehen, die sich blindlings ihren inneren Impulsen auslieferten, sondern als Künstler, die verantwortungsbewußt zwischen Formen suchten und wählten, so daß eine Geste oder ein Schrei wie ein Objekt wird, das er entdeckt und selbst neu gestaltet. Wir experimentierten mit der traditionellen Sprache der Masken und der Schminke und lehnten sie ab, weil sie uns nicht mehr passend schien. Wir experimentierten mit Schweigen. Wir bemühten uns, die Proportion zwischen Schweigen und Dauer zu erforschen. Wir brauchten ein Publikum, damit wir ihm einen schweigenden Schauspieler vorsetzen und dann erforschen konnten, unter welchen Umständen und wie lange seine Aufmerksamkeit standhielt. Dann experimentierten wir mit Ritualen im Sinne wiederkehrender Schemata, um die Möglichkeit zu erkunden, auf welche Weise mehr Gehalt schneller als durch eine logische Entwicklung von Ereignissen zu präsentieren war. Bei jedem guten oder schlechten, erfolgreichen oder katastrophalen Experiment war das Ziel das gleiche: kann das Unsichtbare durch die Präsenz des Darstellers sichtbar gemacht werden?

Wir wissen, daß die Erscheinungswelt eine Kruste ist - unter der Kruste ist der Glutstoff, den wir sehen, wenn wir in einen Vulkan blicken. Wie können wir diese Energie anzapfen? Wir studierten Meyerholds bio-mechanische Experimente, bei denen er Liebesszenen auf Schaukeln spielte, und in einer unserer Inszenierungen warf Hamlet Ophelia auf die Knie der Zuschauer, während er über ihren Häuptern an einem Seil schwang. Wir verneinten die Psychologie, wir versuchten, die scheinbar wasserdichten Abtrennungen zwischen dem privaten und öffentlichen Menschen zu zerschlagen: dem äußeren Menschen, dessen Verhalten durch die fotografischen

Regeln des täglichen Lebens bestimmt ist, der um des Sitzens willen sitzen und um des Stehens willen stehen muß - und dem inneren Menschen, dessen Anarchie und Poetik sich fast nur in seinen Worten ausdrückt. Jahrhundertelang ist unrealistische Sprache allgemein gutgeheißen worden, alle möglichen Zuschauer haben die Konvention geschluckt, daß Worte die seltsamsten Resultate zeitigen können - bei einem Monolog steht der Mensch zum Beispiel still, aber seine Ideen können tanzen, wo sie wollen. Springende Rede ist eine gute Konvention, aber gibt es eine andere? Wenn ein Mann an einem Seil über die Köpfe der Zuschauer fliegt, dann wird jeder Aspekt des Unmittelbaren in Zweifel gestellt - der Zuschauerkreis, der entspannt ist, wenn der Mensch spricht, wird in ein Chaos gestürzt: Kann in diesem Augenblick der Schwebe sich ein neuer Sinn offenbaren?

In naturalistischen Stücken gestaltet der Dramatiker den Dialog so, daß er zwar natürlich erscheint, aber sichtbar macht, was er zeigen will. Durch den alogischen Gebrauch der Sprache, durch die Einstreuung des Lächerlichen in die Rede und des Phantastischen ins Betragen eröffnet der Autor des absurden Theaters für sich ein neues Vokabular. Es kommt zum Beispiel ein Tiger ins Zimmer, aber das Paar schenkt ihm keine Beachtung. Die Frau spricht, der Mann antwortet, indem er sich die Hosen auszieht, und ein neues Paar fliegt durchs Fenster herein. Das absurde Theater hat das Unreale nicht nur um seiner selbst willen gesucht. Es hat es dazu benutzt, um gewisse Forschungen anzustellen, weil es in unseren Alltagsunterhaltungen etwas Unwahres spürte und im scheinbar Weithergeholten etwas Wahres. Obwohl es einige bemerkenswerte individuelle Werke aus dieser

Weltanschauung gegeben hat, hat das Absurde als erkennbare Schule eine Sackgasse erreicht. Wie so vieles, was an der Oberfläche neu ist, wie ein großer Teil der konkreten Musik zum Beispiel, wird das Überraschungselement fadenscheinig, und wir sehen uns der Tatsache gegenüber, daß das Wirkungsfeld manchmal recht klein ist. Eine zerebral erfundene Phantasie hat leicht nur geringes Gewicht, die Verschrobenheit und der Surrealismus, die dem Absurden weitgehend anhaften, hätten Artaud nicht mehr befriedigt als die Enge des psychologischen Stückes. Was er in seinem Suchen nach dem Heiligen gewollt hat, war absolut: er wollte ein Theater, das ein heiliger Ort wäre, er wollte, daß das Theater von einer Schar geweihter Schauspieler und Regisseure bedient würde, die aus ihrer eigenen Persönlichkeit eine endlose Folge leidenschaftlicher Szenenbilder schufen und dadurch eine so mächtige und unmittelbare Explosion des menschlichen Stoffes hervorbrächten, daß nie wieder jemand zum Theater der Anekdote und des Dialogs zurückkehren würde. Er wollte, daß das Theater alles enthielte, was sonst dem Verbrechen und dem Krieg aufgespart bleibt. Er wollte ein Publikum, das alle Abwehr fahrenließe, das sich durchlöchern, schockieren, verblüffen und vergewaltigen ließe, so daß es zu gleicher Zeit mit einer mächtigen neuen Ladung gefüllt werden könnte.

Das klingt ungeheuer und weckt doch einen nagenden Zweifel. Wie passiv wird dadurch der Zuschauer? Artaud behauptete, daß wir uns nur im Theater von den erkennbaren Formen befreien könnten, in denen wir unser tägliches Leben hinbringen. Dies machte das Theater zu einem heiligen Ort, in dem eine größere Realität ge-

funden werden könnte. Diejenigen, die sein Werk mit
Argwohn betrachten, fragen sich, wie allumfassend diese
Wahrheit ist, und außerdem, wie wertvoll das Erlebnis?
Ein Totem, ein Schrei aus dem Mutterleib können durch
die Vorurteilsmauer eines jeden Menschen stoßen; ein
Geheul kann bestimmt bis ins Eingeweide wirken. Aber
offenbart es etwas, ist dieser Kontakt mit den eigenen
Repressionen schöpferisch, therapeutisch? Ist es wirklich
heilig - oder zerrt uns Artaud mit seiner Leidenschaft
zurück zu einer Unterwelt, fort vom Streben, fort vom
Licht - zu D. H. Lawrence und Wagner? Gibt es einen
faschistischen Ruch im Kult der Unvernunft? Ist es ein
Kult des Unsichtbaren, Anti-Intelligenten? Ist es eine
Leugnung des Verstandes?

Wie bei allen Propheten müssen wir den Mann von
seinen Jüngern trennen. Artaud ist nie zu seinem eigenen Theater gelangt, vielleicht erklärt sich die Macht seiner Vision daraus, daß sie die Mohrrübe vor unserer
Nase ist, die wir nie bekommen. Bestimmt hat er immer
von einer vollständigen Lebensart gesprochen, von
einem Theater, in dem die Aktivität des Schauspielers
und die des Zuschauers von dem gleichen verzweifelten
Drang getrieben werden.

Der angewandte Artaud ist der verratene Artaud: verraten, weil immer nur ein Teil seiner Gedanken genutzt
wird, verraten, weil es leichter ist, die Regeln auf die
Arbeit einer Handvoll Schauspieler anzuwenden als auf
das Leben unbekannter Zuschauer, die ganz zufällig
durch die Theatertür getreten sind.

Trotzdem geht aus den faszinierenden Worten ›Theater der Grausamkeit‹ ein Tasten nach einem Theater
hervor, das gewalttätiger, weniger vernünftig, extremer,

77

weniger verbal und gefährlicher ist. Man spürt eine Lust an heftigen Schocks; bedenklich daran ist nur, daß sie sich verflüchtigen. Was folgt auf einen Schock? Hier liegt der Knoten. Ich schieße meine Pistole auf einen Zuschauer ab - ich habe es einmal getan -, und eine Sekunde lang habe ich die Möglichkeit, ihn auf einem anderen Weg zu erreichen. Ich muß diese Möglichkeit mit einem Zweck verbinden, sonst ist er einen Augenblick später wieder da, wo er war: Trägheit ist die größte Kraft, die wir kennen. Ich zeige eine blaue Fläche - nichts als die blaue Farbe - Bläue ist eine direkte Aussage, die eine Empfindung weckt, aber in der nächsten Sekunde verblaßt dieser Eindruck. Ich halte einen leuchtend scharlachroten Streifen hoch, ein anderer Eindruck entsteht, aber wenn nicht jemand diesen Augenblick ergreifen kann und weiß, warum und wie und wozu - dann beginnt auch der zu schwinden. Das Übel liegt darin, daß man leicht erste Schüsse abfeuern kann ohne die geringste Vorstellung, wohin die Schlacht führen könnte. Ein Blick auf das durchschnittliche Publikum gibt uns den unwiderstehlichen Drang, es zu attackieren - erst zu schießen und später zu fragen. Das ist der Weg zum Happening.

Das Happening ist eine mächtige Erfindung, es zerstört mit einem Streich viele tödliche Formen wie die Düsterkeit der Theaterbauten und die reizlosen Requisiten von Vorhang, Platzanweiserin, Garderobe, Programm und Bar. Ein Happening kann überall geschehen, zu jeder Zeit, über jede Zeitdauer, nichts ist erforderlich, nichts ist tabu. Ein Happening kann spontan sein oder formell oder anarchistisch, es kann berauschende Energie entfalten. Hinter dem Happening steht der Schrei: »Wacht auf!« Van Gogh ließ Generationen von Reisenden die

Provence mit anderen Augen erleben, und die Theorie des Happenings ist, daß ein Zuschauer schließlich in eine neue Sicht gestoßen werden kann, so daß er zum ihn umgebenden Leben erwacht. Das klingt ganz sinnvoll, und im Happening verbinden sich die Einflüsse von Zen und Pop, um eine vollkommen logische amerikanische Kombination des zwanzigsten Jahrhunderts zu ergeben. Aber das Klägliche eines schlechten Happenings muß man gesehen haben, damit man es glauben kann. Man gebe einem Kind einen Tuschkasten, und wenn es alle Farben gemischt hat, ist das Ergebnis immer das gleiche schmuddlige bräunliche Grau. Ein Happening ist immer das Gedankenkind eines Menschen und spiegelt unvermeidlich das Niveau des Erfinders wider; wenn es das Werk einer Gruppe ist, spiegelt es die inneren Reserven dieser Gruppe wider. Diese freie Form ist nur zu oft in die gleichen zwanghaften Symbole eingebettet: Mehl, Kremtorte, Papierrollen, Ankleiden, Auskleiden, Kostümieren, wieder Auskleiden, Wasserlassen, Umarmen, Rollen, Zappeln - würde das Happening zu einer Lebensform, dann wäre verglichen damit das abgedroschenste Leben ein phantastisches Happening. Sehr leicht kann ein Happening nicht mehr sein als eine Reihe von milden Schocks, woran sich Enttäuschungen anschließen, die nach und nach zusammen die weiteren Schocks neutralisieren, bevor sie sich einstellen. Oder aber das frenetische Gebaren des Schockers hämmert so auf den Geschockten ein, daß er eine weitere Form des tödlichen Publikums wird - willig beginnt er und wird zur Apathie hin vergewaltigt.

Die einfache Tatsache ist die, daß Happenings nicht die einfachste, sondern die denkbar schwierigste Form ins Leben gerufen haben. Wenn Schocks und Überraschungen einen Einbruch in die Reflexe des Zuschauers bewerkstelligen, so daß er plötzlich offener, wacher, aufnahmefähiger ist, dann ergeben sich daraus für Zuschauer und Darsteller in gleicher Weise Möglichkeit und Verantwortung. Diesen Augenblick muß man nutzen, aber wie und wozu? Hier sind wir wieder an der Wurzel der Frage - wonach suchen wir eigentlich? Selbstgebasteltes Zen ist kaum das Gegebene. Das Happening ist ein neuer Besen von großer Wirksamkeit, es fegt den Kehricht bestimmt davon, aber während es den Weg räumt, ertönt wieder der alte Dialog, die Debatte von Form wider Formlosigkeit, Freiheit gegen Disziplin, eine Dialektik alt wie Pythagoras, der die Begriffe des Endlichen und Unendlichen zum erstenmal gegeneinanderstellte. Es ist sehr schön, Zenbrocken zu benutzen, um das Prinzip herauszustellen, daß Existenz Existenz ist, daß jede Manifestation alles von allem in sich birgt und daß ein Schlag ins Gesicht, ein Zwicken der Nase oder eine Kremtorte alle gleichermaßen Buddha sind. Alle Religionen versichern, daß das Unsichtbare jederzeit sichtbar ist. Aber hier ist der Haken. Die Religionslehre - einschließlich Zen - versichert, daß dieses Sichtbar-Unsichtbare nicht automatisch zu sehen ist - sondern nur unter bestimmten Umständen. Die Bedingungen können sich auf bestimmte Zustände oder ein bestimmtes Verständnis beziehen. Auf alle Fälle ist das Verständnis der Sichtbarkeit des Unsichtbaren ein Lebenswerk. Heilige Kunst ist dafür eine Hilfe, und so gelangen wir zu einer Definition des heiligen Theaters. Ein heiliges Theater zeigt nicht nur das Unsichtbare, sondern bietet auch die Bedingungen, die die Wahrnehmung ermöglichen. Das

Happening läßt zu alldem in Beziehung setzen, aber seine gegenwärtige Unzulänglichkeit besteht darin, daß es sich weigert, das Problem der Wahrnehmbarkeit eingehend zu untersuchen. Es glaubt naiverweise, daß der Schrei »Wachet auf!« genügt, daß der Ruf »Lebt!« auch schon Leben bringt.

Ein Happening sollte zuerst die Schöpfung eines Malers sein - bei der statt Farbe und Leinwand, Leim und Sägemehl oder fester Gegenstände Menschen eingesetzt werden, um gewisse Beziehungen und Formen herzustellen. Wie ein Gemälde soll ein Happening ein neues Objekt darstellen, eine neue Konstruktion, die in die Welt gestellt wird, um sie zu bereichern, um die Natur zu erweitern und neben dem Alltagsleben zu existieren. Denen, die das Happening anödet, erwidert der Anhänger, daß eine Sache so gut ist wie die andere. Wenn manche dann ›schlechter‹ scheinen als andere, so sagt er, das sei das Resultat der Konditionierung des Beschauers und seines scheelen Auges. Diejenigen, die an einem Happening teilnehmen und daran Spaß haben, können sich leisten, das Gelangweiltsein des Außenseiters gleichgültig hinzunehmen. Die Tatsache, daß sie teilnehmen, schärft schon das Wahrnehmungsvermögen. Der Mann, der sich den Frack für die Oper anzieht und sagt: »Ich genieße es, ein festliches Ereignis zu erleben«, und der Hippie, der sich sein Blumengewand für eine nachtlange Licht-Show anzieht, deuten beide zusammenhanglos in die gleiche Richtung. Ereignis, Geschehen, Happening - die Worte sind austauschbar. Die Strukturen sind verschieden - die Oper wird nach traditionellen Prinzipien konstruiert und wiederholt, die Licht-Show entfaltet sich zum ersten- und letztenmal nach Zufall und Milieu, aber beide sind bewußt konstruierte gesellschaftliche Zusammenkünfte, die nach einer Unsichtbarkeit fahnden, um das Alltägliche zu durchdringen und zu beleben. Wir, die wir im Theater arbeiten, sind implizit aufgefordert, diesem Hunger zu begegnen.

Es gibt viele Leute, die auf ihre Weise versuchen, sich dieser Herausforderung zu stellen. Ich will drei zitieren.

Zunächst Merce Cunningham. Er kommt von Martha Graham und hat eine Ballettruppe geschaffen, deren tägliche Übungen eine dauernde Vorbereitung für den Schock der Freiheit sind. Ein klassischer Tänzer ist darauf trainiert, jede kleinste Bewegung, die ihm aufgegeben ist, zu beobachten und zu verfolgen. Er hat den Körper darauf trainiert, zu gehorchen, seine Technik ist sein Diener, so daß er, statt von der Ausführung der Bewegung völlig in Anspruch genommen zu werden, die Bewegung im intimen Zusammenspiel mit der Musik sich entwickeln lassen kann. Merce Cunninghams Tänzer, die ungemein trainiert sind, gebrauchen ihre Disziplin, um der zarten Ströme bewußt zu werden, die in einer Bewegung fließen, wenn sie sich zum erstenmal entfaltet - und ihre Technik befähigt sie, dieser zarten Führung zu folgen, da sie von der Ungeschicklichkeit des Untrainierten befreit sind. Wenn sie improvisieren – sobald Ideen zwischen ihnen geboren werden und sich mitteilen, wobei sie sich nie wiederholen und stets in Bewegung sind -, haben die Intervalle eine Form, so daß die Rhythmen als richtig und die Proportionen als wahr empfunden werden können: alles ist spontan, doch herrscht Ordnung. In der Stille ergeben sich viele Möglichkeiten: Chaos oder Ordnung, Wirrnis oder Muster, sie liegen alle brach - das sichtbar gemachte Unsichtbare ist seinem Wesen nach sakral, und wenn Merce Cunningham tanzt, müht er sich um heilige Kunst.

Vielleicht kommt die intensivste und persönlichste Literatur unserer Zeit von Samuel Beckett. Becketts Stücke sind Symbole im genauen Sinne des Wortes. Ein falsches Symbol ist weich und verschwommen, ein echtes Symbol hart und klar. Wenn wir ›symbolisch‹ sagen, meinen wir oft etwas peinlich Obskures: Ein echtes Symbol ist spezifisch, es ist die einzige Form, die eine bestimmte Wahrheit annehmen kann. Die zwei Männer, die an einem verkümmerten Baum warten, der Mann, der sich auf Tonband aufnimmt, die zwei in einem Turm gestrandeten Männer, die bis zur Taille im Sand begrabene Frau, die Eltern in den Mülltonnen, die drei Köpfe in den Urnen: das sind reine Erfindungen, frische, deutlich definierte Bilder - und sie stehen auf der Bühne als Objekte. Sie sind Theatermaschinen. Leute belächeln sie, aber sie halten stand, sie sind gegen Kritik gefeit. Wir gewinnen nichts, wenn wir erfahren wollen, was sie bedeuten, und doch haben alle eine Beziehung zu uns, die wir nicht abstreiten können. Wenn wir das annehmen, dann öffnet sich das Symbol für uns in einem großen fragenden O.

So sind Becketts dunkle Stücke Stücke des Lichts, wo das verzweifelte, geschaffene Objekt Zeuge des heftigen Wunsches ist, für die Wahrheit zu zeugen. Beckett sagt nicht mit Genugtuung ›nein‹; er schmiedet sein unerbittliches ›nein‹ aus der Sehnsucht nach dem ›ja‹; auf diese Weise ist seine Verzweiflung das Negativ, aus dem die Kontur des Gegenteils geschlossen werden kann.

Es gibt zwei Möglichkeiten, über den Zustand des Menschen zu sprechen: es gibt den Vorgang der Eingebung - durch den sich alle positiven Elemente des Lebens offenbaren lassen -, und es gibt den Vorgang der ehrlichen Sicht, durch die der Künstler für das Zeugnis ablegt, was er gesehen hat. Der erste Vorgang hängt von der Offenbarung ab; man kann ihn durch heilige Wünsche herbeiführen. Der zweite stützt sich auf die Ehrlichkeit und sollte durch heilige Wünsche nicht vernebelt werden.

Beckett drückt diese Unterscheidung in *Glückliche Tage* aus. Der Optimismus der in der Erde begrabenen Dame ist keine Tugend, sondern das Element, das sie für die Wahrheit ihrer Situation blind macht. In einigen seltenen Augenblicken begreift sie ihre Situation, aber tilgt diese Erkenntnis gleich wieder mit ihrem Frohsinn. Becketts Wirkung auf seine Zuschauer ist genau wie die Wirkung dieser Situation auf die Hauptperson. Die Zuschauer zappeln, rekeln sich und gähnen, sie verlassen den Raum oder erfinden und deuten jede Form von eingebildeter Beschwerde als Mechanismus, um die unbequeme Wahrheit von sich fernzuhalten. Traurigerweise ist es der Wunsch nach Optimismus, den viele Schriftsteller teilen und der sie hindert, Hoffnung zu finden. Wenn wir Beckett wegen seines Pessimismus angreifen, dann sind wir Becketts Personen, die in eine Szene Becketts eingefangen sind. Wenn wir Becketts Aussage so hinnehmen, wie sie ist, dann ist plötzlich alles verwandelt. Es gibt schließlich schon ein ganz anderes Publikum, das Beckett-Publikum: diejenigen in jedem Lande, die keine intellektuellen Schranken aufrichten und nicht allzusehr versuchen, die Botschaft zu analysieren. Dieses Publikum lacht und schreit auf - und feiert zuletzt mit Beckett; sein Publikum verläßt seine Stücke, seine düsteren Stücke, gelabt und bereichert, mit leichterem Herzen und voller seltsamer irrationaler Freude. Dichtung, Noblesse, Schönheit, Magie - plötzlich gibt es diese verdächtigen Worte wieder im Theater.

In Polen gibt es eine kleine, von einem Visionär namens Jerzy Grotowski geleitete Truppe, die sich auch ein sakrales Ziel gesetzt hat. Er glaubt, daß das Theater kein Selbstzweck sein kann; wie der Tanz oder die Musik in gewissen Derwisch-Orden ist das Theater ein Mittel, und zwar für Selbst-Studium, Selbst-Erforschung: eine Möglichkeit der Erlösung. Der Schauspieler hat sich selbst als Arbeitsfeld. Dieses Feld ist reicher als das des Malers, reicher als das des Musikers, denn um zu forschen, muß er jeden Aspekt seiner Persönlichkeit einsetzen. Es sind seine Hand, sein Auge, sein Ohr und sein Herz, die er untersucht und mit denen er untersucht. In dieser Sicht ist die Schauspielerei eine Lebensarbeit - der Schauspieler erweitert Schritt für Schritt das Wissen von sich selbst durch die schmerzhaften, immer sich wandelnden Umstände der Proben und die mächtigen Interpunktionen der Aufführung. In Grotowskis Terminologie läßt sich der Schauspieler von seiner Rolle ›durchdringen‹, zuerst ist er ihr in allem Hindernis, aber er erringt durch unablässige Arbeit die technische Meisterschaft über seine physischen und psychischen Mittel, wodurch er dann auch die Schranken fallen lassen kann. ›Selbst-Durchdringung‹ durch die Rolle ist mit der Bloßstellung verwandt: Der Schauspieler zögert nicht, sich genauso zu zeigen, wie er ist, denn er erkennt, daß das Geheimnis der Rolle seine Selbstoffenbarung verlangt, wodurch er die eigenen Geheimnisse bloßlegt. So daß sein Akt der Darstellung zugleich ein Akt des Opfers ist, eines Opfers dessen, was die meisten Menschen am liebsten verbergen - dieses Opfer ist seine Gabe an das Publikum. Hier besteht ein ähnliches Verhältnis zwischen Schauspieler und Publikum wie zwischen Priester und Andächtigen. Es liegt auf der Hand, daß nicht jeder zur Priesterschaft berufen ist und daß keine traditionelle Religion das von allen Menschen verlangt. Es gibt Laien, die im Leben notwendige Rollen versehen, und solche, die um des Laien willen andere Lasten auf sich nehmen. Der Priester zelebriert das Ritual um seinet- und um anderer willen. Grotowskis Schauspieler bieten ihre Darstellung als Zeremoniell für solche an, die helfen wollen. Der Schauspieler ruft das an und entblößt, was in jedem Menschen steckt - und was das Alltagsleben verdeckt. Dieses Theater ist heilig, weil sein Zweck heilig ist; es hat einen deutlich umrissenen Platz in der Gemeinschaft und geht auf das Bedürfnis ein, das die Kirchen nicht mehr befriedigen können. Grotowskis Theater kommt Artauds Ideal von allen am nächsten. Es ist für alle Mitglieder lebensfüllend und steht daher im Gegensatz zu fast jeder anderen Avantgarde und experimentierenden Gruppe, deren Arbeit zusammengestoppelt und meistens durch Mangel an Mitteln gelähmt ist. Die meisten experimentellen Erzeugnisse können nicht erreichen, was sie wollen, weil die äußeren Umstände ihnen zu sehr entgegenwirken. Sie haben unzureichende Schauspieler, ihre Zeit zum Proben wird durch die Notwendigkeit, Geld zu verdienen, durch unzulängliche Bühnenbilder, Kostüme, Beleuchtung usw. beschnitten. Armut ist ihre Beschwerde und ihre Entschuldigung. Grotowski erhebt die Armut zum Ideal, seine Spieler haben alles außer ihren Körper aufgegeben; sie haben das menschliche Instrument und unbegrenzte Zeit - kein Wunder, daß sie sich als das reichste Theater der Welt betrachten.

Diese drei Theater, Cunningham, Grotowski und Beckett, haben manches gemeinsam: geringe Mittel, intensive Arbeit, rigorose Disziplin, absolute Präzision. Und schon beinahe als Bedingung: sie sind Theater für eine Elite. Merce Cunningham spielt vorwiegend für Armenhäuser, und wenn seine Anhänger sich darüber empören, daß er nicht genügend unterstützt wird, so geht er einfach darüber hinweg. Beckett füllt nur selten einen durchschnittlich großen Saal. Grotowski spielt für dreißig Zuschauer - mit voller Absicht. Er ist überzeugt, daß die ihm und seinen Schauspielern gestellten Probleme so groß sind, daß die Berücksichtigung einer größeren Zuschauerzahl nur zu einer Verwässerung der Arbeit führen könnte. Er hat zu mir gesagt: »Meine Suche gründet sich auf den Regisseur und den Schauspieler. Sie gründen die Ihre auf den Regisseur, den Schauspieler und das Publikum. Ich gebe zu, daß das möglich ist, aber mir ist das zu indirekt.« Hat er recht? Sind das die einzig möglichen Theater, die die ›Wirklichkeit‹ erreichen können? Sie sind sich jedenfalls selbst gegenüber ehrlich, sie stellen sich jedenfalls der grundsätzlichen Frage: »Warum überhaupt Theater?« und jeder hat darauf eine Antwort gefunden. Sie gehen alle von ihrem Hunger aus, arbeiten alle, um die eigene Not zu lindern. Und doch bringen gerade die Reinheit ihres Entschlusses, die Höhe und der Ernst ihres Tuns unweigerlich Farbe in ihre Wahl und begrenzen zugleich ihr Feld. Sie sind nicht imstande, sowohl esoterisch als auch populär zu sein. Bei Beckett gibt es keine Menschenmasse, keinen Falstaff. Für Merce Cunningham bedürfte es, wie einst für Schönberg, einer *tour de force,* um wieder ein Ringelreihen zu erfinden oder *God save the Queen* zu pfeifen. Privat sammelt Grotowskis erster Schauspieler eifrig Jazzplatten, aber auf der Bühne, die sein Leben ist, gibt es keine Pop-Texte. Diese Theater erforschen das Leben, was aber als Leben gewertet wird, ist umgrenzt. Das ›wahre‹ Leben schließt gewisse ›unwahre‹ Züge aus. Wenn wir heute Artauds Beschreibungen seiner imaginären Inszenierungen lesen, dann geben sie seine eigenen Vorlieben wieder und die damals im Schwange befindliche romantische Bildersprache der Zeit, denn es herrscht darin eine gewisse Neigung zum Dunkel und Mystikum, zum Gesang, zu geisterhaften Schreien, zu einzelnen Worten statt ganzen Sätzen, zu riesigen Formen, Masken, zu Königen und Kaisern und Päpsten, zu Heiligen und Sündern und Flagellanten, zu schwarzen Trikots und sich windender nackter Haut.

Ein Regisseur, der mit Faktoren zu tun hat, die außerhalb seiner selbst existieren, kann sich vormachen, daß seine Arbeit objektiver ist als er. Durch die Wahl von Übungen, selbst durch die Art, wie er einen Schauspieler ermutigt, die eigene Freiheit zu finden, muß der Regisseur notgedrungen den eigenen Geisteszustand auf die Bühne projizieren. Es wäre für den Regisseur ein Jiu-Jitsu in Reinkultur, wenn er den Schauspieler zu einem derartigen Erguß seines inneren Reichtums stimulieren könnte, daß er durch die subjektive Natur seines ursprünglichen Impulses vollständig verwandelt würde. Aber meistens schimmert der Regisseur oder die Struktur der Choreographie durch, und an dieser Stelle kann sich das erwünschte objektive Erlebnis in den Ausdruck der persönlichen Bildvorstellung eines Regisseurs verkehren. Wir können versuchen, das Unsichtbare zu erhaschen, aber wir dürfen nicht die Berührung mit dem gesunden Menschenverstand verlieren - wenn unsere Sprache zu speziell ist, werden wir für den Zuschauer nicht mehr ganz glaubwürdig sein. Das Vorbild ist, wie stets, Shakespeare. Sein Ziel ist stets heilig, metaphysisch, und doch begeht er nie den Fehler, allzulange auf der höchsten Ebene zu verweilen. Er hat gewußt, wie schwer es für uns ist, bei dem Absoluten zu verharren - daher setzt er uns fortwährend unfanft auf die Erde - und Grotowski erkennt das an, denn er spricht von der Notwendigkeit sowohl der ›Apotheose‹ als auch der ›Verhöhnung‹. Wir müssen es akzeptieren, daß wir niemals das Unsichtbare in seiner Ganzheit sehen. Nachdem wir also zu ihm hingestrebt haben, müssen wir uns mit der Niederlage abfinden, auf die Erde zurückfallen und von neuem hinaufstreben.

Ich habe bisher das *Living Theatre* nicht aufgeführt, weil diese von Julian Beck und Judith Malina angeführte Gruppe in jedem Sinne des Wortes speziell ist. Es ist eine nomadische Gemeinschaft. Sie zieht nach ihren eigenen Gesetzen und oft im Widerspruch zu den Gesetzen des Landes, in dem sie sich gerade befindet, durch die Welt. Sie schafft für ihre Mitglieder eine umfassende Lebensart, für einige dreißig Männer und Frauen, die zusammen leben und arbeiten; sie lieben sich, zeugen Kinder, schauspielern, erfinden Stücke, treiben physische und geistige Übungen, teilen und diskutieren alles, was ihnen begegnet. Vor allem anderen sind sie eine Gemeinschaft, aber sie sind nur deshalb eine Gemeinschaft, weil sie eine besondere Funktion haben, die ihrer Gemeinschaftsexistenz einen Sinn verleiht. Diese Funktion ist das

Theaterspielen. Ohne das Spielen würde die Truppe verdorren: Sie spielen Theater, da der Akt und die Tatsache des Theaterspielens einem großen gemeinsamen Bedürfnis entgegenkommen. Sie suchen nach einem Sinn in ihrem Leben, und selbst wenn es keine Zuschauer gäbe, müßten sie gewissermaßen weiterspielen, weil das Theaterereignis der Höhe- und Mittelpunkt ihrer Suche ist. Ohne Zuschauer würden ihre Vorführungen jedoch die Substanz verlieren - die Zuschauer sind stets der Stachel, ohne den die Vorstellung wesenlos wäre. Es ist aber auch eine praktische Gemeinschaft, die aufführt, um davon zu leben, und die Aufführungen feilbietet. Im *Living Theatre* werden drei Bedürfnisse zu einem: es existiert, um zu spielen, es verdient den Lebensunterhalt durch Spielen, und das Spiel enthält die intensivsten und intimsten Augenblicke seines kollektiven Daseins.

Eines Tages könnte diese Karawane anhalten. Das könnte in einer feindlichen Umgebung geschehen - wie ihre Anfänge in New York -, in welchem Falle es die Funktion haben würde, Zuschauer zu provozieren und zu entzweien, indem es ihr Bewußtsein für den unbehaglichen Widerspruch zwischen einer auf der Bühne und draußen existierenden Lebensweise steigert. Ihre eigene Identität wird dauernd durch die natürliche Spannung und Feindschaft zwischen sich und ihrer Umgebung definiert und neu definiert. Oder aber sie kommt in einer größeren Gemeinschaft zur Ruhe, die einige ihrer Werte mit ihnen teilt. Hier gäbe es eine andere Einheit und andere Spannung: die Spannung wäre der Bühne und den Zuschauern gemeinsam - es wäre der Ausdruck des erfolglosen Suchens nach einer ewig undefinierten Heiligkeit.

Tatsächlich ist das *Living Theatre*, so beispielhaft es in vieler Hinsicht auch ist, noch nicht auf sein eigenes Dilemma gestoßen. Da es ohne Tradition und ohne Quelle nach der Heiligkeit strebt, ist es gezwungen, sich vielen Traditionen und Quellen zuzuwenden - Joga, Zen, Psychoanalyse, Büchern, Hörensagen, Entdeckung, Eingebung - ein reicher, aber gefährlicher Eklektizismus. Denn die Methode, die sie zu dem Erstrebten führt, kann nicht additiv sein. Wegstreichen, Wegreißen kann nur im Licht von etwas Konstantem geschehen. Nach diesem Konstanten suchen sie noch.

Inzwischen werden sie von einem sehr amerikanischen Humor und einer surrealistischen Freude, die aber mit beiden Füßen auf dem Boden steht, ständig gestärkt.

Im Voodoo* von Haiti braucht man bei Beginn einer Zeremonie nur eine Stange und ein paar Menschen. Man fängt an, die Trommeln zu schlagen, und weit weg, in Afrika, hören die Götter den Ruf. Sie entschließen sich zu kommen, und da Voodoo eine sehr praktische Religion ist, stellt sie die Zeit in Rechnung, die ein Gott braucht, um den Ozean zu überqueren. Also schlägt man weiter auf die Trommel, singt und trinkt Rum. Dadurch bereitet man sich vor. Danach vergehen fünf oder sechs Stunden, und die Götter kommen angeflogen - sie kreisen einem über den Köpfen, aber es lohnt sich nicht hochzublicken, da sie natürlich unsichtbar sind. Dabei wird dann die Stange so wichtig. Ohne die Stange kann nichts die sichtbare und unsichtbare Welt miteinander verbinden. Die Stange, wie das Kreuz, ist der Schnittpunkt.

* Magischer Geheimkult der Neger auf Tahiti und in den Vereinigten Staaten.

Durch das geerdete Holz rutschen die Geister hinab und sind jetzt bereit für den zweiten Schritt ihrer Metamorphose. Jetzt brauchen sie ein menschliches Medium und wählen einen der Teilnehmer. Ein Zucken, ein- oder zweimaliges Stöhnen, ein kurzer Krampf auf dem Boden, und der Mann ist besessen. Er stellt sich auf die Beine, nicht mehr er selbst, sondern des Gottes voll. Jetzt hat der Gott Form. Er ist jemand, der scherzen, sich betrinken und jedermanns Beschwerde anhören kann. Als erstes schüttelt der Priester, der Houngan, wenn der Gott ankommt, diesem die Hand und fragt ihn nach der Reise. Er ist zwar ein Gott, aber er ist nicht mehr unwirklich, er ist da, auf unserer Stufe, erreichbar. Jetzt kann der gewöhnliche Mann oder die entsprechende Frau mit ihm sprechen, schüttelt ihm die Hand, diskutiert mit ihm, schimpft ihn aus, geht mit ihm zu Bett - und so ist allnächtlich der Haitianer in Kontakt mit den großen Mächten und Mysterien, die den Tag regieren.

Im Theater hat jahrhundertelang die Tendenz geherrscht, den Schauspieler weit entfernt auf eine Plattform zu stellen, umrahmt, dekoriert, beleuchtet, angemalt, in hohen Schuhen - als wollte man die Unwissenden überreden helfen, daß er heilig, daß seine Kunst geheiligt sei. War das ein Ausdruck der Verehrung? Oder steckte dahinter eine Angst, daß etwas bloßgestellt werden könnte, wenn das Licht zu hell, die Begegnung zu nahe war? Heute ist der ganze Schwindel entlarvt. Aber wir entdecken von neuem, daß ein heiliges Theater immer noch das ist, was wir brauchen. Wo sollen wir es also suchen? In den Wolken oder auf dem Boden?

3

Das derbe Theater

Es ist stets das volkstümliche Theater, das den Tag rettet. Es hat in den verschiedenen Zeitaltern viele Formen angenommen, und es gibt nur einen Faktor, den sie alle gemeinsam haben - Derbheit. Salz, Schweiß, Lärm, Gestank: das Theater, das kein Theater ist, das Theater auf Karren, auf Wagen, auf Gestellen, mit stehenden, trinkenden, um runde Tische sitzenden, mitmachenden, dazwischenrufenden Zuschauern; Theater in Hinterzimmern, Bodenräumen, Scheunen, Vorstellungen einer Nacht, das durch den Saal gezogene zerrissene Laken, die mitgenommene spanische Wand, die die schnellen Wechsel verbergen soll - der eine Gattungsbegriff *Theater* deckt dieses alles und dazu noch den glitzernden Kronleuchter. Ich habe viele vergebliche Gespräche mit Architekten geführt, die neue Theater bauen - habe mich umsonst bemüht, für meine Überzeugung, daß es nicht eine Frage guten oder schlechten Bauens ist, die richtigen Worte zu finden. Ein schönes Gebäude ruft vielleicht nie explosive Ausbrüche des Lebens hervor, während ein unscheinbarer Saal ein großartiger Begegnungsort sein kann: Das ist das Mysterium des Theaters, aber im Verständnis dieses Mysteriums liegt die einzige Möglichkeit, es zu einer Wissenschaft zu ordnen. In anderen Formen

93

der Architektur gibt es ein Verhältnis zwischen bewuß-
tem, artikuliertem Plan und guter Funktion: ein gut ge-
plantes Krankenhaus wird brauchbarer sein als ein hin-
gepfuschtes. Aber beim Theater kann das Problem der
Planung nicht von der Logik ausgehen. Es kommt nicht
darauf an, analytisch auf die Voraussetzungen hinzuwei-
sen und wie sie am besten zu organisieren wären - das
bringt gewöhnlich nur einen zahmen, konventionellen,
häufig auch kalten Saal zustande. Die Wissenschaft des
Theaterbauens muß mit der Untersuchung anfangen, was
die lebendigste Beziehung zwischen Menschen hervor-
bringt - und ist dabei Asymmetrie, sogar Unordnung am
dienstlichsten? Wenn ja, was kann die Regel für diese
Unordnung sein? Ein Architekt ist besser dran, wenn er
wie ein Bühnenbildner arbeitet und Pappestückchen hin-
und herschiebt, als wenn er sein Modell nach einem Plan
herstellt, der mit Zirkel und Lineal gemacht ist. Wenn
wir finden, daß Mist ein gutes Düngemittel ist, hat es
keinen Zweck, empfindlich zu sein; wenn das Theater
einen gewissen derben Zug zu brauchen scheint, dann
muß man das als Teil seines Nährbodens hinnehmen. Am
Anfang der elektronischen Musik behaupteten ein paar
deutsche Studios, daß sie jedes Geräusch herstellen könnten, das ein natürliches Instrument von sich gibt - nur
besser. Dann entdeckten sie, daß alle ihre Klänge durch
eine gewisse uniforme Sterilität gekennzeichnet waren.
Darauf analysierten sie die Klänge der Klarinetten, Flö-
ten, Violinen und fanden, daß jede Note einen bemer-
kenswert hohen Prozentsatz profaner Geräusche ent-
hielt; regelrechtes Kratzen oder eine Mischung von
schwerem Atem und Wind auf Holz. Vom Standpunkt
eines Puristen war das einfach Schmutz, aber die Kom-

ponisten fanden sich bald gezwungen, synthetischen Schmutz herzustellen - um ihre Kompositionen zu ›vermenschlichen‹. Architekten stellen sich blind gegen dieses Prinzip - und eine Epoche nach der anderen ereignen sich die vitalsten theatralischen Ereignisse außerhalb der legitimen Orte, die eigens dafür geschaffen sind. Gordon Craig hat Europa ein halbes Jahrhundert lang durch ein paar Vorstellungen beeinflußt, die er in Hampstead in einem Kirchenschiff gegeben hat - das Handzeichen des Brecht-Theaters, der helle halbe Vorhang, hatte sehr praktisch in einem Keller seinen Ursprung, als ein Draht von Wand zu Wand gezogen werden mußte. Das derbe Theater ist dem Volk nahe. Es mag ein Puppentheater sein oder - bis auf den heutigen Tag in griechischen Dörfern - ein Schattenspiel: es zeichnet sich meistens durch die Abwesenheit dessen aus, was man Stil nennt. Stil braucht Muße; wenn man etwas in einer rohen Fassung darbietet, ist es wie eine Revolution, denn alles, was zur Hand kommt, läßt sich in eine Waffe verkehren. Das derbe Theater ist nicht pingelig oder wählerisch: Wenn die Zuschauer unruhig werden, dann ist es einleuchtenderweise wichtiger, die Störenfriede anzubrüllen - oder einen Gag zu improvisieren -, als zu versuchen, die Einheit des Stils der Szene zu wahren. Im Luxus des piekfeinen Theaters kann alles aus einem Guß sein, im derben Theater haut man auf einen Eimer, um eine Schlacht zu markieren, und nimmt Mehl, um angsterbleichte Gesichter zu schaffen. Das Arsenal kennt keine Grenzen: die Seitenbemerkung, das Plakat, die örtliche Anspielung, die Lokalwitze, die Ausnutzung von Mißgeschicken, die Songs, die Tänze, das Tempo, der Lärm, das Spiel mit Kontrasten, der Kurzschluß von Übertreibungen, die falschen Nasen, die Klischeetypen, die ausgestopften Bäuche. Das volkstümliche Theater, das von der Einheit des Stils befreit ist, spricht tatsächlich eine ungemein ausgeklügelte und stilvolle Sprache. Zuschauer in einem solchen Theater haben im allgemeinen keine Mühe, Ungereimtheiten von Akzent und Kostüm zu akzeptieren oder sich zwischen Mimik und Dialog, Realismus und Suggestion hin- und herzubewegen. Sie verfolgen den Faden der Story und merken tatsächlich gar nicht, daß es irgendwo Maßstäbe gibt, die nicht beachtet werden. Martin Esslin hat geschrieben, daß in Saint-Quentin die Strafgefangenen, die zum erstenmal in ihrem Leben ein Drama gesehen haben, und zwar *Warten auf Godot,* überhaupt keine Schwierigkeiten hatten, das zu verstehen, was regulären Theaterbesuchern unverständlich war.

Eine der Pionierpersönlichkeiten in der Bewegung für einen erneuerten Shakespeare war William Poel*. Eine Schauspielerin hat mir einmal erzählt, daß sie mit Poel in einer Aufführung von *Viel Lärm um nichts* zusammengearbeitet habe, die vor etwa fünfzig Jahren in einer einzigen Abendvorstellung in einem schäbigen Londoner Saal gegeben wurde. Sie sagte, daß Poel zur ersten Probe mit einem Kasten voller Krimskrams erschienen sei, dem er irgendwelche Fotografien, Zeichnungen und aus Zeitschriften herausgerissene Bilder entnahm. »Das sind Sie«, sagte er und gab ihr das Bild einer Debütantin bei einem königlichen Gartenfest. Einem anderen gab er einen geharnischten Ritter, ein Porträt von Gainsborough oder einfach einen Hut. In aller Schlichtheit gab er damit

* 1852–1934, Gründer der Elizabethan Stage Society 1894.

kund, wie er das Stück sah, als er es las - unmittelbar, genau wie ein Kind - nicht wie ein Erwachsener, der sich mit Vorstellungen von Geschichten und Epochen überwacht. Meine Freundin erzählte mir, daß die ganze Vor-Pop-Kunst-Mischung außerordentlich einheitlich war. Dessen bin ich sicher. Poel war ein großer Neuerer, und er erkannte deutlich, daß Folgerichtigkeit mit dem echten Shakespeare-Stil nichts zu tun hatte. Ich habe einmal *Verlorene Liebesmüh* aufgeführt, wo ich den Konstabel Stumpf als viktorianischen Polizisten verkleidete, weil sein Name sogleich die typische Figur des Londoner Bobby heraufbeschwor. Aus anderen Gründen erschienen die anderen Personen in Gewändern Watteaus und des achtzehnten Jahrhunderts, aber niemand spürte darin einen Anachronismus. Vor langer Zeit sah ich eine Vorstellung von *Der Widerspenstigen Zähmung,* wo sich alle Schauspieler genauso kleideten, wie sie die Personen sahen - ich erinnere mich noch an einen Cowboy und einen Dickwanst, dem die Knöpfe von der Pagenlivree abplatzten - und das war bei weitem die einleuchtendste Vorstellung dieses Stückes, die ich erlebt habe.

Selbstverständlich ist es vor allem der Schmutz, der der Derbheit die Wirkung gibt: Schmutz und Vulgarität sind natürlich, Obszönität ist fröhlich. Mit diesen übernimmt das Spektakel seine gesellschaftlich befreiende Rolle, denn seinem Wesen nach ist das volkstümliche Theater anti-autoritär, anti-traditionell, anti-pomphaft und anti-prätentiös. Es ist das Theater des Lärms, und das Theater des Lärms ist das Theater des Beifalls.

Man denke an jene zwei furchtbaren Masken, die uns von so vielen Theaterbüchern anglotzen - man sagt uns, daß im alten Griechenland diese Masken zwei gleiche Elemente, Tragödie und Komödie, verkörperten. Man zeigt sie zumindest immer als gleiche Partner. Seitdem hat man jedoch das ›legitime‹ Theater zum wichtigen erhoben, während man das derbe Theater weniger ernst genommen hat. Aber jeder Versuch, das Theater neu zu beleben, hat auf den volkstümlichen Ursprung zurückgegriffen. Meyerhold hatte die höchstgesteckten Ziele, er versuchte, das gesamte Leben auf der Bühne darzustellen, sein verehrter Meister war Stanislawskij, sein Freund Tschechow, aber tatsächlich hat er beim Zirkus und Vaudeville Anleihen gemacht. Brecht stammte vom Kabarett* her, Joan Littlewood sehnt sich nach dem Rummelplatz, Cocteau, Artaud, Wachtangow, die unwahrscheinlichsten Bettgenossen, all diese Intelligenzbestien kehren zum Volk zurück: und das totale Theater ist nichts als eine Mischung dieser Ingredienzien. In dieser ganzen Zeit begibt sich das experimentelle Theater aus den Theatergebäuden hinaus und kehrt in Zimmer oder den Ring zurück, und das amerikanische Musical ist in den seltenen Fällen, in denen es seine Verheißungen erfüllt, der wahre Begegnungsort der amerikanischen Künste, und nicht die Oper. Zum Broadway wenden sich die amerikanischen Dichter, Choreographen und Komponisten. Ein Choreograph wie Jerome Robbins ist ein interessantes Beispiel, da er aus dem reinen und abstrakten Theater Balanchines und Martha Grahams zur Derbheit des volkstümlichen Schauspiels umgesiedelt ist. Aber das Wort ›volkstümlich‹ trifft die Sache nicht ganz, es beschwört den Dorfjahrmarkt und das Volk in jovialer und harmloser Weise herauf. Die volkstümliche Tradi-

* Gemeint ist Karl Valentin.

98

tion ist auch Hetze, wüste Satire und groteske Karikatur. Diese Arten waren im größten derben Theater, dem elisabethanischen, vertreten, und im heutigen englischen Theater sind Obszönität und Trotz die Triebfedern der Wiederbelebung. Surrealismus ist derb - Jarry ist derb, Spike Milligans Theater, in dem die anarchistisch freigesetzte Phantasie wie eine wilde Fledermaus in jede mögliche Form und Stilart hinein und wieder heraus fliegt, ist bestimmt derb. Milligan, Charles Wood und ein paar andere sind Wegweiser zu dem, was sich zu einer mächtigen englischen Tradition entwickeln kann.

Ich habe zwei Inszenierungen von Jarrys *König Ubu* gesehen, die den Unterschied zwischen einer derben und einer künstlerischen Tradition verbildlichten. Die eine war eine Inszenierung im französischen Fernsehen, die mit elektronischen Mitteln eine große virtuose Leistung hervorbrachte. Der Regisseur hatte sehr geistreich und erfolgreich mit lebendigen Akteuren den Eindruck von schwarzen und weißen Marionetten eingefangen, der Bildschirm war in schmale Bänder aufgeteilt, so daß er aussah wie ein Comic Strip. M. Ubu und Mme. Ubu waren Jarrys mit Leben erfüllte Zeichnungen - sie waren buchstabengetreue Ubus. Aber nicht lebensgetreu: das Fernsehpublikum hat überhaupt nicht die derbe Realität der Story erfaßt; es sah einige pirouettierende Puppen, war verblüfft und gelangweilt und stellte bald den Apparat ab. Das virulente Proteststück war zum intelligenzlerischen *jeu d'esprit* geworden. Etwa zur gleichen Zeit war im deutschen Fernsehen eine tschechische Inszenierung von *Ubu* zu sehen. Diese Version ließ alle Bilder und Anweisungen Jarrys außer acht. Sie erfand einen eigenen, höchst modernen Pop-Kunststil, der aus Müll-

tonnen, Abfall und alten eisernen Bettstellen zusammen-
gebastelt war. M. Ubu war kein maskierter Humpty-
Dumpty, sondern ein erkenntlicher und schlüpfriger
Schleimscheißer, Mme. Ubu war eine schmierige, attrak-
tive Hure, der gesellschaftliche Zusammenhang war klar.
Von der ersten Einstellung, als M. Ubu in Unterhosen
aus dem Bett taumelte, während eine nörgelnde Stimme
aus den Federn fragte, warum er nicht König von Polen
sei, war der Glaube der Zuschauer engagiert und konnte
den surrealistischen Entwicklungen der Story folgen,
weil sie die primitiven Situationen und Charaktere aus
deren Bedingungen heraus akzeptierten.

Dies beschäftigt sich alles mit der Erscheinung des
Derben, aber was ist der Zweck dieses Theaters? Es ist
zunächst einmal da, um Freude und Gelächter zu erre-
gen, was Tyrone Guthrie* das ›Theater des Entzückens‹
nennt, und jedes Theater, das Entzücken erwecken kann,
hat sich seinen Platz verdient. Neben der ernsten, enga-
gierten und sich vortastenden Arbeit muß auch Verant-
wortungslosigkeit vorhanden sein. Das kann uns das kommerzielle, das Boulevard-Theater durchaus geben - aber
allzuoft ist es müde und fadenscheinig. Spaß braucht
ständig eine neue elektrische Ladung; Spaß um des Spaßes
willen ist nicht unmöglich, aber recht selten. Frivolität
kann diese Ladung sein, große Stimmung kann einen
guten Strom erzeugen, aber immer wieder müssen die
Batterien neu aufgeladen werden: man muß neue Gesichter, neue Ideen entdecken. Ein neuer Witz leuchtet
auf und ist verschwunden, danach ist er der alte Witz,
der wiederholt wird. Die kräftigste Komödie gründet

* Bahnbrecher der modernen Shakespeare-Interpretation auf der
englischen Bühne.

sich auf Archetypen, auf die Mythologie und wiederkeh-
rende Grundsituationen, und sie ist unumgänglich tief
in die gesellschaftliche Tradition eingebettet. Die Komödie entspringt nicht immer dem Hauptstrom einer
sozialen Auseinandersetzung. Es ist, als verzweigten sich
verschiedene komische Traditionen in viele Richtungen:
Eine gewisse Zeit fließt der Strom noch weiter, obwohl
sein Lauf nicht mehr sichtbar ist, aber dann trocknet er
eines Tages vollständig ein.

Es gibt keine feste Regel, daß man niemals Wirkung
und Oberfläche um ihrer selbst kultivieren solle. Warum
denn nicht? Ich selbst finde, daß die Inszenierung eines
Musicals einem mehr Spaß machen kann als jede andere
Theaterform, und ebenso kann einem das Erlernen eines
derben Taschenspielertricks einen großen Genuß ver-
schaffen. Aber der Eindruck der Frische ist alles - ein-
gemachte Speisen verlieren ihren Geschmack. Das heilige
Theater hat seine Energie, das derbe hat eine andere.
Das derbe Theater nährt sich nicht ausschließlich von
diesen kniffligen leichten Strömen: Dieselbe Energie,
die Rebellion und Opposition hervorruft, nährt es auch.
Das ist eine militante Energie: die Energie des Zorns,
manchmal die Energie des Hasses. Die schöpferische
Energie hinter dem Erfindungsreichtum in der Inszenierung des Berliner Ensembles *Die Tage der Kommune* ist
die gleiche Energie, die Männer auf die Barrikaden treiben kann, die Energie des *Arturo Ui* könnte gerade-
wegs zum Kriege führen. Der Wunsch, die Gesellschaft
zu verändern, so daß sie sich ihren ewigen Heucheleien
stellt, ist ein großer Krafterzeuger. Figaro, Falstaff oder
Tartuffe karikieren oder zerstören durch Gelächter, und
die Absicht des Autors ist die soziale Änderung.

John Ardens bemerkenswertes Stück *Sergeant Musgraves Tanz* kann neben anderen Deutungen auch als eine Verbildlichung dessen genommen werden, wie echtes Theater zustande kommt. Musgrave steht auf einer improvisierten Bühne einer Menge auf einem Marktplatz gegenüber und versucht so kräftig wie möglich sein Gefühl von dem Grauen und der Vergeblichkeit des Krieges mitzuteilen. Die Demonstration, die er improvisiert, ist ein unverfälschtes Stück volkstümliches Theater, seine Requisiten sind Maschinengewehre, Flaggen und ein uniformiertes Skelett, das er hochwindet. Als es ihm nicht gelingt, seine ganze Botschaft der Menge mitzuteilen, treibt ihn seine verzweifelte Energie, noch andere Ausdrucksmittel zu finden, und in einer jähen Eingebung beginnt er ein rhythmisches Stampfen, aus dem sich ein wilder Tanz und Singsang entwickelt. Sergeant Musgraves Tanz ist eine Demonstration dessen, wie die leidenschaftliche Notwendigkeit, eine Mitteilung zu projizieren, plötzlich eine wilde unvorhergesehene Form hervorbringen kann.

Hier sehen wir den Doppelaspekt des Derben: Wenn das Heilige das Sehnen nach dem Unsichtbaren durch seine sichtbaren Verkörperungen ist, so ist das Derbe ebenfalls ein dynamischer Vorstoß nach einem gewissen Ideal. Beide Theater gründen sich auf tiefe und wahrhaftige Wünsche ihrer Zuschauer, beide nutzen endlose Quellen verschiedener Energien; aber beide stecken schließlich Felder ab, in denen gewisse Dinge einfach nicht zugelassen sind. Wenn das heilige eine Welt schafft, in der ein Gebet mehr Wirklichkeit hat als ein Rülpser, so gilt im derben gerade das Gegenteil. Da ist dann das Rülpsen wirklich, und das Gebet könnte man für komisch halten. Das derbe Theater hat scheinbar weder Stil noch Konventionen noch Grenzen - in der Praxis hat es alle drei. Genau wie im Leben das Tragen alter Kleider als Trotz anfangen und zur Pose werden kann, so kann die Derbheit zum Selbstzweck werden. Der trotzige Mann des volkstümlichen Theaters kann so erdgebunden sein, daß er seinem Stoff das Fliegen verbietet. Er kann sogar das Fliegen als Möglichkeit leugnen oder den Himmel als geeignetes Wanderziel. Das bringt uns dahin, wo das heilige Theater und das derbe Theater ihre wahre Gegnerschaft beweisen. Das heilige Theater befaßt sich mit dem Unsichtbaren, und dieses Unsichtbare enthält alle verborgenen Impulse des Menschen. Das derbe Theater befaßt sich mit menschlichen Handlungen, und weil es erdhaft und unmittelbar ist - weil es Bosheit und Gelächter zuläßt -, erscheint das rechte Derbe besser als das hohle Heilige.

Es ist unmöglich, weiter darauf einzugehen, ohne einen Blick auf die Wirkung des stärksten, einflußreichsten und radikalsten Theatermannes unserer Zeit zu werfen, auf Brecht. Niemand, der sich ernsthaft mit dem Theater beschäftigt, kann an Brecht vorbei. Brecht ist die Schlüsselfigur unserer Zeit, und die gesamte Theaterarbeit unserer Zeit fängt irgendwo mit Brechts Theorien und Leistungen an und kehrt zu ihnen zurück. Wir können uns gleich dem Wort zuwenden, das er unserem Vokabularium beschert hat - Verfremdung. Als denjenigen, der den Begriff Verfremdung geprägt hat, muß man ihn historisch betrachten. Er begann seine Arbeit zu einer Zeit, als die meisten deutschen Bühnen entweder vom Naturalismus beherrscht waren oder vom großen Ansturm des totalen Theaters opernhafter Natur, das dazu bestimmt war, den Zuschauer bei seinen Gefühlen zu packen, so daß er sich selbst völlig vergaß. Das Leben, das auf der Bühne existierte, wurde durch die vollständige Passivität der Zuschauer aufgehoben.

Bei Brecht hat ein notwendiges Theater niemals seinen Blick von der Gesellschaft abwenden können, der es diente. Es gab keine vierte Wand zwischen Schauspieler und Publikum, das einzige Ziel des Schauspielers war die Schaffung einer präzisen Reaktion in einem Publikum, für das er totalen Respekt empfand. Aus diesem Respekt vor dem Publikum erfand Brecht die Idee der Verfremdung, denn Verfremdung ist der Ruf nach Einhalt: Verfremdung bedeutet Schneiden, Unterbrechen, Etwas-gegen-das-Licht-Halten, Wiederhinschauen. Verfremdung ist vor allem eine Bitte an den Zuschauer, sich selbst zu bemühen und auf diese Weise in eigener Verantwortung das, was er sieht, nur dann zu akzeptieren, wenn es ihn als Erwachsenen überzeugt. Brecht versagt sich der romantischen Auffassung, daß wir im Theater alle wieder zu Kindern werden.

Der Verfremdungseffekt und der Happeningeffekt sind einander ähnlich und doch entgegengesetzt - der Happeningschock soll durch alle von der Vernunft gesetzten Schranken hindurchbrechen, die Verfremdung soll durch ihren Schock unsere beste Vernunft ins Spiel bringen. Verfremdung funktioniert in vielerlei Arten und in vielen Schichten. Eine normale Bühnenhandlung erscheint uns real, wenn sie überzeugt, daher nehmen wir sie zeitweilig als objektive Wahrheit hin. Ein vergewaltigtes Mädchen kommt in Tränen auf die Bühne - und wenn uns ihr Spiel genügend rührt, akzeptieren wir automatisch den angedeuteten Schluß, daß sie ein Opfer und zwar ein unglückliches ist. Angenommen jedoch, ein Clown würde ihr folgen, ihre Tränen nachäffen und könnte uns durch sein Talent zum Lachen bringen. Seine Veralberung zerstört unsere erste Reaktion. Wohin wenden sich dann unsere Sympathien? Die Wahrheit ihres Charakters, die Überzeugungskraft ihrer Position sind beide durch den Clown in Frage gestellt, und zur gleichen Zeit wird unsere bereitwillige Sentimentalität bloßgestellt. Wenn das weit genug geführt wird, kann eine solche Reihe von Ereignissen uns plötzlich zwingen, unsere wechselnden Ansichten von Recht und Unrecht zu überprüfen. All dies ergibt sich aus einem strikten Zweckstreben. Brecht glaubte, wenn er die Zuschauer dazu brächte, die einzelnen Züge einer Situation genau zu überdenken, diente das Theater dem Zweck, die Zuschauer zu einem gerechteren Verständnis der Gesellschaft zu bringen, in der sie leben, und ihnen auf diese Weise zu erklären, inwieweit diese Gesellschaft geändert werden könnte.

Verfremdung kann durch Antithese funktionieren: Parodie, Imitation, Kritik, die gesamte Skala der Rhetorik steht ihr offen. Es ist die rein theatralische Methode des dialektischen Austausches. Verfremdung ist die uns heute zugängliche Sprache, die in ihren Möglichkeiten so reich ist wie der Vers: Sie ist das mögliche Mittel eines dynamischen Theaters in einer sich wandelnden Welt, und durch die Verfremdung könnten wir zu einigen jener Gebiete vorstoßen, an die Shakespeare durch den Gebrauch dynamischer Sprachmittel schon gerührt hat. Verfremdung kann sehr einfach sein, nicht mehr als eine Sammlung physischer Tricks. Das erste Verfremdungsmittel habe ich als Kind in einer schwedischen Kirche erlebt; der Klingelbeutel hatte unten einen Stachel, um die Mitglieder der Gemeinde, die bei der Predigt eingeschlafen waren, aufzumuntern. Brecht benutzte Plakate und deutliche Spots zum gleichen Zweck; Joan Littlewood verkleidete ihre Soldaten als Pierrots - Verfremdung hat unendliche Möglichkeiten. Sie zielt stets darauf ab, in den Ballon des rhetorischen Spiels zu stechen - Chaplins kontrastierende Sentimentalität und Kalamität ist Verfremdung. Oft wenn ein Schauspieler von seiner Rolle mitgerissen wird, kann er immer pathetischer und immer gefühlsseliger werden und trotzdem die Zuschauer mit sich reißen. Hier hält uns das Verfremdungsmittel wach, wenn ein Teil von uns sich ganz diesem Zupfen an unseren Herzsaiten hingeben will. Aber es ist sehr schwer, mit den Klischeereaktionen eines Zuschauers aufzuräumen. Wenn am Ende des ersten Aktes von *König Lear* Gloucester geblendet wurde, ließen wir im Haus die Lichter angehen, bevor die letzte wüste Tat beendet war - damit die Zuschauer sich die Szene überlegen konnten, bevor sie in automatischen Beifall ausbrachen. In Paris taten wir beim *Stellvertreter* wieder alles in unseren Kräften Stehende, um den Beifall zu verhindern, weil die Anerkennung der schauspielerischen Leistung im Dokument eines Konzentrationslagers nicht relevant schien. Nichtsdestoweniger haben sowohl der unselige Gloucester wie der widerlichste Charakter von allen, der Arzt in Auschwitz, die Bühne unter ähnlichen Ovationen verlassen.

Jean Genet kann die beredteste Sprache schreiben, aber die erstaunlichsten Eindrücke in seinen Stücken werden oft durch die visuellen Eindrücke erzielt, mit denen er ernste, schöne und groteske Elemente einander gegenüberstellt. Nur wenige Szenen im modernen Theater sind so dicht und fesselnd wie der Höhepunkt des ersten Teils von *Die Wände*, wo das Geschehen auf der Bühne ein hingekritzeltes Kriegssgraffito auf riesige weiße Flächen ist, während wüste Phrasen, lächerliche Menschen und überlebensgroße Phantome zusammen ein Monument auf den Kolonialismus und die Revolution darstellen. Hier ist die Macht des Einfalls nicht von den vielschichtigen Mitteln zu trennen, mit denen er ausgedrückt wird. Genets *Die Neger* gewinnt seine volle Bedeutung, wenn sich eine mächtige Wechselbeziehung zwischen den Schauspielern und dem Publikum ergibt. In Paris, wo Intellektuelle es sich ansahen, war es eine barocke literarische Unterhaltung; in London, wo man kein Publikum fand, das sich für französische Literatur oder für Neger interessierte, war das Stück sinnlos; in New York, in Gene Frankels hervorragender Inszenierung, war es elektrisch und knisternd. Man hat mir gesagt, daß die Spannung jede Nacht wechselte, je nach der prozentualen Verteilung von Schwarzen und Weißen unter den Zuschauern.

Der *Marat/Sade* hätte vor Brecht nicht geschrieben werden können. Das Stück ist von Peter Weiss auf verschiedenen verfremdenden Ebenen konzipiert: Die Ereignisse der französischen Revolution können nicht wörtlich genommen werden, weil sie von Irren gespielt werden, und deren Handlungen sind weiterhin in Frage gestellt, weil ihr Direktor der Marquis de Sade ist - zudem werden die Geschehnisse des Jahres 1780 mit den Augen sowohl des Jahres 1808 als auch 1966 gesehen -, denn die Zuschauer stellen ein Publikum des frühen neunzehnten Jahrhunderts dar und sind doch zugleich die Menschen des zwanzigsten Jahrhunderts. Alle diese sich kreuzenden Ebenen verdichten das Geschehen eines jeden Augenblicks und erzwingen von jedem Zuschauer irgendeine Anteilnahme. Am Ende sprengt die Anstalt alle Schranken. Die Schauspieler improvisieren mit der größten Wildheit, und einen Augenblick lang ist das Bild der Bühne naturalistisch und zwingend. Nichts, empfinden wir, kann diesen Ausbruch stoppen, nichts, schließen wir daraus, kann jemals den Wahnsinn auf dieser Welt aufhalten. In der Aufführung des Royal Shakespeare Theatre kam jedoch in diesem Augenblick eine Spielleiterin auf die Bühne und pfiff, worauf der Wahnsinn augenblicklich aufhörte. Mit dieser Handlung wurde eine Vexierfrage gestellt. Vor einer Sekunde war die Situation noch hoffnungslos gewesen, jetzt ist alles vorbei, die Schauspieler nehmen die Perücken ab, es ist selbstverständlich nur ein Spiel. Also fangen wir an zu klatschen. Aber unerwartet klatschen die Schauspieler ironisch zurück. Wir reagieren darauf mit einer momentanen Feindseligkeit gegen sie als Individuen und hören mit Klatschen auf. Ich zitiere das als eine typische Verfremdungsreihe, bei der uns jeder Vorfall zu einer neuen Einstellung zwingt.

Es gibt eine interessante Verbindung zwischen Brecht und Craig: Craig wollte, daß ein symbolischer Schatten an die Stelle eines ganzen gemalten Waldes gesetzt wurde, und zwar nur deshalb, weil er meinte, daß eine nutzlose Information unsere Aufmerksamkeit *zum Schaden von etwas Wichtigerem* auf sich lenke. Brecht übernahm diese harte Praxis und wandte sie nicht nur auf die Szene, sondern auch auf die Arbeit der Schauspieler und die Haltung der Zuschauer an. Wenn er unnötige Gefühle sowie die Entwicklung von Eigenschaften und Empfindungen, die sich einzig auf Charaktere bezogen, wegließ, dann nur deshalb, weil er dadurch die Klarheit seines Themas bedroht sah. Ein Schauspieler in anderen deutschen Theatern zu Brechts Zeiten - und viele englische Schauspieler heute - glaubte, daß er nichts anderes zu tun habe, als seinen Charakter so prall wie möglich, gewissermaßen rundum zu gestalten. Das bedeutete, daß er seine Beobachtung und Phantasie dafür einsetzte, weitere Einzelheiten für sein Porträt zu finden, denn wie der Gesellschaftsmaler wollte er, daß sein Bild so lebensecht und erkennbar sei wie nur möglich. Niemand hatte ihm gesagt, daß man etwas anderes anstreben könnte. Brecht hat die einfache und vernichtende Idee eingeführt, daß ›prall‹ nicht ›lebensecht‹ und nicht ›rundum‹ zu bedeuten brauche. Er führte aus, daß jeder Schauspieler der Handlung des Stückes dienen müsse, aber bis ein Schauspieler versteht, was vom Standpunkt des Autors gesehen und im Hinblick auf eine sich ändernde äußere Welt (und auf welcher Seite er selbst in den Kämpfen steht, die die Welt spalten) die eigentliche Handlung des Stückes und seine eigentliche Absicht ist, kann er keinesfalls wissen, wem er dient. Wenn er jedoch genau weiß, was von ihm verlangt wird und was er erfüllen muß, dann kann er auch seine Rolle richtig verstehen. Wenn er sich im Verhältnis zur Gesamtheit des Stückes sieht, dann merkt er nicht nur, daß die Übercharakterisierung oft den Bedürfnissen des Stückes entgegensteht, sondern auch, daß zu viele unnötige Charakteristiken sich tatsächlich gegen ihn selbst wenden und das eigene Auftreten weniger eindrucksvoll machen können. Er wird dann die Personen, die er spielt, unparteiischer sehen, wird ihre sympathischen oder unsympathischen Züge von einem anderen Standpunkt bewerten und schließlich andere Entscheidungen treffen als zuvor, da er noch glaubte, daß die ›Identifikation‹ mit der Person das alleinige Anliegen sei. Das ist natürlich eine Theorie, die einen Schauspieler leicht in Verwirrung stürzen kann, denn wenn er sie naiv anzuwenden sucht, indem er seine Instinkte vergewaltigt und zum Intellektuellen wird, dann wird er katastrophisch enden. Es ist ein Fehler zu glauben, daß der Schauspieler allein nach der Theorie arbeiten kann. Kein Schauspieler kann eine Ziffer spielen: Wie stilisiert oder schematisch der Text auch sein mag, der Schauspieler *muß* immer bis zu einem gewissen Grad an das Bühnenleben der seltsamen Kreatur glauben, die er darstellt. Trotzdem kann der Schauspieler jedoch auf tausenderlei Arten spielen, und ein Porträt spielen ist nicht die einzige Alternative. Was Brecht ins Spiel brachte, war die Idee des intelligenten Schauspielers, der den Wert seines Beitrags beurteilen kann. Es gibt immer noch viele Schauspieler, die stolz darauf sind, nichts von Politik zu verstehen, und das Theater als Elfenbeinturm behandeln. Für Brecht ist ein solcher Schauspieler seinen Platz in einer erwachsenen Truppe nicht wert: Ein Schauspieler in einer Gemeinschaft, die ins Theater geht, ist so sehr an der äußeren Welt beteiligt wie an seiner Kunst.

Wenn eine Theorie in Worte gefaßt wird, ist die Tür der Verwirrung geöffnet. Brechts Inszenierungen außerhalb des Berliner Ensembles, die auf Brechts Aufsätzen basieren, zeigen zwar Brechts Kargheit, aber selten seinen Reichtum an Gedanken und Gefühlen. Vor denen scheut man oft zurück, so daß sein Werk trocken erscheint. Die lebendigsten Theater werden tödlich, wenn ihre derbe Kraft versiegt: und Brecht wird zerstört von tödlichen Sklaven. Wenn Brecht von Schauspielern spricht, die ihre Funktion verstehen, dann hat ihm nie vorgeschwebt, daß dies durch Analyse und Diskussion geschehen solle. Das Theater ist kein Klassenzimmer, und der Regisseur mit einem pädagogischen Verständnis Brechts kann dessen Stücken ebensowenig Leben einhauchen wie ein Pedant den Stücken von Shakespeare. Die Qualität der Probenarbeit ergibt sich vollständig aus der schöpferischen Atmosphäre des Arbeitsklimas - und das Schöpferische kann nicht durch Erklärungen heraufbeschworen werden. Die Sprache der Proben ist ganz wie das Leben: sie gebraucht Worte, aber auch Stille, Reize, Parodie, Gelächter, Unglück, Verzweiflung, Offenheit und Verschlossenheit, Aktivität und Langsamkeit, Klarheit und Chaos. Brecht hat das erkannt und in seinen letzten Jahren seine Mitarbeiter durch die Mitteilung überrascht, das Theater müsse naiv sein. Mit diesem Wort hat er sich nicht von seinem Lebenswerk abgekehrt: Er hat gezeigt, daß die Handlung, durch die man ein Stück zusammenstellt, stets eine Form des Spielens ist, daß das Ansehen eines Stückes ein Spiel ist; seltsamerweise sprach er von Eleganz und Unterhaltung. Es ist kein Zufall, daß in vielen Sprachen das Wort für ein Spiel und das Spielen das gleiche ist.

In seinen theoretischen Schriften trennt Brecht das Reale vom Unrealen, und ich glaube, daß dies zu einer riesenhaften Verwirrung Anlaß gegeben hat. Semantisch gesprochen ist das Subjektive immer dem Objektiven entgegengesetzt, die Illusion vom Faktum geschieden. Deswegen muß das Theater zwei Positionen behaupten:

öffentlich und privat, offiziell und inoffiziell, theoretisch und praktisch. Die praktische Arbeit beruht auf dem tiefen Gefühl des Schauspielers für ein inneres Leben; aber in der Öffentlichkeit verleugnet er dieses Leben, weil in einer Theaterfigur das innere Leben mit dem gefürchteten Etikett ›psychologisch‹ versehen wird. Dieses Wort ›psychologisch‹ ist unschätzbar in einem unsachlichen Wortwechsel – wie das Wort ›naturalistisch‹ kann man es mit Verachtung aussprechen, um eine Debatte zu beenden oder sich einen Sieg zuzuschanzen. Leider führt es auch zu einer Vereinfachung, indem es die Sprache der Aktion – diese Sprache ist hart, hell, durchschlagend – mit der Sprache der Psychologie kontrastiert: diese ist freudianisch, schlammig, ungreifbar, dunkel, ungenau. Wenn man es in dieser Weise betrachtet, muß die Psychologie natürlich den kürzeren ziehen. Aber ist die Unterscheidung gerechtfertigt? Alles ist Illusion. Der Austausch von Eindrücken durch Bilder ist unsere Grundsprache: sowie ein Mensch ein Bild ausdrückt, begegnet ihm im gleichen Augenblick ein anderer Mensch im Glauben. Die gemeinsame Assoziation ist die Sprache – wenn die Assoziation in der anderen Person nichts hervorruft, wenn es keinen Augenblick gemeinsam erlebter Illusion gibt, gibt es auch keinen Austausch. Brecht benutzte oft den Fall eines Mannes, der einen Straßenunfall beschreibt, als eine erzählerische Situation; wir wollen daher sein Beispiel übernehmen und den Prozeß der dabei beanspruchten Wahrnehmung beschreiben. Wenn uns jemand einen Straßenunfall beschreibt, handelt es sich um einen komplizierten psychischen Prozeß. Man kann ihn am besten als eine dreidimensionale Kollage mit eingebautem Ton erklären, denn wir erleben viele unverbundene Dinge auf einmal. Wir sehen den Sprecher, wir hören seine Stimme, wir wissen, wo wir sind, und nehmen zugleich über ihn angelegt die Szene wahr, die er beschreibt: die Lebhaftigkeit und Fülle dieser momentanen Illusion hängt von seiner Überzeugungskraft und Geschicklichkeit ab. Sie hat auch mit dem Typ des Sprechers zu tun. Wenn er ein zerebraler Typ ist, ich meine, ein Mann, dessen Frische und Vitalität vorwiegend aus dem Hirn stammt, werden wir mehr Eindrücke von Ideen als von sinnlichen Erlebnissen empfangen. Wenn er emotional frei ist, dann fließen auch andere Ströme, so daß er ohne eigene Mühe oder Nachforschung todsicher ein volleres Bild des Unfalls nachschaffen wird, an den er sich erinnert, und wir es entsprechend entgegennehmen werden. Was immer es sei, er sendet uns ein vollständiges Netzwerk von Eindrücken zu, und während wir sie empfangen, glauben wir an sie, so daß wir uns darin zumindest momentan verlieren.

Bei allen Kommunikationsarten verdinglichen sich Illusionen und verschwinden. Das Brecht-Theater ist ein großes Mosaik von Bildern, das an unseren Glauben appelliert. Wenn Brecht verächtlich von der Illusion sprach, dann hat er nicht das damit gemeint. Er meinte das eine bleibende Bild, die Aussage, die weiterbestand, nachdem ihr Zweck erfüllt war - wie der gemalte Baum. Als aber Brecht erklärte, es gebe etwas im Theater, das man Illusion nenne, meinte er damit, daß da auch etwas anderes sei, das nicht Illusion sei. Auf diese Weise wurde die Illusion der Wirklichkeit gegenübergestellt. Es wäre besser, wir stellten der toten Illusion die lebendige gegenüber, der lahmen Aussage die lebendige, der verknöcherten Gestalt den beweglichen Schatten, dem gefrorenen Bild das bewegliche. Was wir im Theater sehen, ist ein Charakter in einem Bilderrahmen, umgeben von einer dreiwandigen Innendekoration. Das ist natürlich eine Illusion, aber Brecht behauptet, daß wir sie in einem Zustand narkotisierter, unkritischer Glaubensfreudigkeit betrachten. Wenn jedoch ein Schauspieler auf einer leeren Bühne neben einem Plakat steht, das uns daran erinnert, daß wir im Theater sind, dann verfallen wir nach elementarem Brecht nicht einer Illusion, sondern sehen als Erwachsene hin - und beurteilen. Diese Unterscheidung ist jedoch in der Theorie sauberer als in der Praxis.

Es ist nicht möglich, daß ein Mensch, der entweder eine naturalistische Inszenierung eines Stücks von Tschechow oder eine formalisierte griechische Tragödie ansieht, sich dem Glauben hingeben soll, daß er in Rußland ist oder im alten Theben. Und doch genügt es in beiden Fällen, daß ein kraftvoller Schauspieler einen kraftvollen Text spricht, damit der Zuschauer in einer Illusion befangen wird, obwohl er selbstverständlich noch jede Sekunde wissen wird, daß er im Theater sitzt. Das Ziel ist nicht, die Illusion zu vermeiden - alles ist Illusion, nur erscheinen manche Dinge illusorischer als andere. Es ist die grobschlächtige Illusion, die uns nicht überzeugen kann. Andererseits läßt die Illusion, die sich aus schnell aufblitzenden und wechselnden Eindrücken zusammensetzt, den Pfeil der Einbildungskraft im Spiel. Die Illusion ist wie der Punkt in einem beweglichen Fernsehsehbild, sie dauert nur den Augenblick, den ihre Funktion erfordert.

Es ist ein leicht zu begehender Fehler, daß man Tschechow als naturalistischen Schriftsteller versteht, und tatsächlich halten sich einige der dünnsten und schlampigsten Stücke der letzten Jahre, die sich ›ein Ausschnitt aus dem Leben‹ nennen, für tschechowisch. Tschechow hat niemals nur einen Ausschnitt aus dem Leben gemacht - er war ein Arzt, der mit unendlicher Zartheit und Sorgfalt Tausende und Abertausende dünner Schichten vom Leben entfernt hat. Diese hat er kultiviert und sie dann in einer ausgesucht schlauen, vollständig künstlichen und sinnvollen Ordnung arrangiert, wobei ein Teil der Schlauheit darin lag, daß er die Künstlichkeit so getarnt hat, daß das Ergebnis wie ein Blick durchs Schlüsselloch aussah, was es nie gewesen war. Jede Seite der *Drei Schwestern* vermittelt den Eindruck, als entfalte sich das Leben wie ein Tonband, das man nicht abgestellt hat. Wenn man das Stück genau untersucht, wird man feststellen, daß es so sehr aus Zufällen aufgebaut ist wie bei Feydeau - die Blumenvase, die umfällt, die Feuerwehr, die gerade im richtigen Moment vorbeikommt; das Wort, die Unterbrechung, die ferne Musik, das Geräusch in den Kulissen, der Auftritt, der Abschied - Zug um Zug schaffen sie durch die Sprache der Illusion die umfassende Illusion der Lebensausschnitte. Diese Serie von Eindrücken ist in gleicher Weise eine Serie von Verfremdungen: jeder Bruch ist eine listige Provokation und ein Aufruf zum Denken.

Ich habe bereits von Aufführungen in Deutschland nach dem Krieg gesprochen. In einer Hamburger Bodenkammer habe ich eine Inszenierung von *Schuld und Sühne* gesehen, und dieser Abend ist, bevor die vier Stunden verronnen waren, eins der stärksten Theatererlebnisse meines Lebens geworden. Aus purer Notwendigkeit hatten sich alle Probleme des Theaterstils verflüchtigt: hier war der echte Hauptstrang, der Wesenskern einer vom Märchenerzähler abgeleiteten Kunst, der sich unter seinen Zuhörern umsieht und dann zu sprechen beginnt. Alle Theater in der Stadt waren zerstört, aber als hier, in diesem Bodenraum, ein Schauspieler auf einem Stuhl, der beinahe unsere Knie berührte, ganz ruhig anfing: »Es geschah im Jahre 18 . ., daß ein junger Student namens Rodion Rodionowitsch Raskolnikow . . .«, wurden wir vom lebendigen Theater gepackt.

Gepackt. Was bedeutet das? Ich kann's nicht sagen. Ich weiß nur, daß diese Worte und eine leise ernste Stimme etwas heraufbeschworen, irgendwo, für uns alle. Wir waren Zuhörer, Kinder, die eine Bettgeschichte hören, und doch zugleich Erwachsene, die genau wissen, was sich zuträgt. Einen Augenblick später tat sich ein paar Zoll entfernt eine Bodentür knarrend auf, ein Schauspieler, der Raskolnikow darstellte, trat ein, und schon waren wir mitten im Drama. Die Tür erschien in einem Augenblick als vollkommene Verkörperung einer Straßenlaterne, einen Augenblick später wurde sie die Tür zur Wohnung der Geldverleiherin und noch eine Sekunde später der Durchgang zu ihrer Hinterwohnung. Da dies jedoch nur fragmentarische Eindrücke waren, die in dem Augenblick entstanden, in dem man sie brauchte, und dann wieder vergingen, verloren wir nie aus den Augen, daß wir in einem vollen Raum zusammengepfercht saßen und eine Erzählung verfolgten. Der Erzähler konnte Einzelheiten hinzufügen, er konnte erklären und meditieren, die Personen selbst konnten vom naturalistischen Spiel in einen Monolog schlüpfen, ein Schauspieler konnte nur durch einen Buckel von einer Verkörperung in eine andere übergehen, und Punkt um Punkt, Fleck um Fleck, Streich um Streich wurde die

ganze komplexe Welt von Dostojewskijs Roman heraufbeschworen.

Wie frei ist die Konvention des Romans, wie mühelos
die Beziehung zwischen Autor und Leser? Man kann
Hintergründe herbeizaubern und entlassen, der Übergang von der äußeren zur inneren Welt ist natürlich und
stetig. Der Erfolg des Hamburger Experimentes erin-
nerte mich wieder daran, wie grotesk und schwerfällig,
wie unzulänglich und erbärmlich das Theater wird, nicht
nur wenn eine Schar Männer und quietschende Maschinen vonnöten sind, um uns von einem Ort zum anderen
zu bewegen, sondern auch wenn der Übergang von der
Welt der Handlung zu der Welt des Denkens durch ir-
gendein Mittel erklärt werden muß - sei es Musik, Lich-
terwechsel oder das Klettern auf ein Podium.

Im Film hat Godard ganz allein eine Revolution voll-
bracht, indem er zeigte, wie relativ die Wirklichkeit einer
fotografierten Szene sein kann. Wo Generationen von
Filmmachern Kontinuitätsgesetze und Folgerichtigkeits-
regeln aufgestellt hatten, um ja nicht die Realität einer
fortgesetzten Handlung zu unterbrechen, hat Godard
gezeigt, daß die Realität nur eine weitere falsche und
rhetorische Konvention war. Dadurch, daß er eine Szene
fotografierte und sogleich ihre scheinbare Wahrheit zer-
störte, ist er in die Illusion eingebrochen und hat einen
Strom widerstreitender Eindrücke freigesetzt. Er ist von
Brecht tief beeinflußt.

Die *Coriolan*-Inszenierung des Berliner Ensembles un-
terstreicht die ganze Frage, wo die Illusion anfängt und
wo sie aufhört. Meistenteils war diese Version ein Erfolg. Viele Aspekte des Stückes wurden enthüllt, als sei
es zum erstenmal: viel davon kann noch nie so gut dar-

gestellt worden sein. Die Truppe faßte das Stück sozial und politisch auf, und das bedeutete, daß die stereotypen mechanischen Methoden, Shakespeare-Massen zu zeigen, nicht mehr möglich waren. Es wäre unmöglich gewesen, daß einer dieser intelligenten Schauspieler einen anonymen Bürger spielte, nur um Beifall, Volksgemurmel und Mißfallen auf ein Stichwort hin zu produzieren wie die Statisten zu allen Zeiten. Die Energie bei der monatelangen Arbeit, durch die schließlich alle Strukturen der zugrundeliegenden Story ins Licht gerückt wurden, rührte vom Interesse der Schauspieler an sozialen Themen. Die Nebenrollen waren für die Schauspieler nicht langweilig - sie dienten niemals als Hintergrund, weil sie offensichtlich Probleme enthielten, die ein faszinierendes Studium und eine provozierende Diskussion ergaben. Das Volk, die Tribunen, die Schlacht, die Versammlungen waren handgreiflich: alle Formen des Theaters waren dienstbar gemacht - die Kostüme hatten den Anschein des Alltags, aber die Bühnenpositionen hatten die Formalität der Tragödie. Die Sprache war zuweilen überhöht, zuweilen redensartlich, bei den Schlachten bediente man sich alter chinesischer Techniken, um einen modernen Sinngehalt auszudrücken. Es gab keinen Augenblick klischeehafter Theatralik und keine edle Gefühlsregung, die sich selbst genügte. Coriolan war nicht idealisiert und nicht einmal gewinnend - er war explosiv, gewalttätig - nicht bewundernswert, aber überzeugend. Alles diente der Handlung, die selbst kristallklar war.

Und dann erschien ein kleiner Defekt, der für mich ein tiefsitzender, interessanter Makel wurde. Die große Begegnungsszene zwischen Coriolan und Volumnia an den Toren Roms war umgeschrieben worden. Ich stelle keinen

Augenblick das Prinzip der Umschreibung Shakespeares in Frage - schließlich werden die Texte ja nicht verbrannt -, jeder Mensch kann mit einem Text anfangen, was er will, und niemand wird darunter leiden. Interessant ist das Resultat. Brecht und seine Kollegen wollten nicht zulassen, daß das Verhältnis Coriolans zu seiner Mutter zum Stützbalken der ganzen Handlung würde. Sie meinten, das ergäbe keinen interessanten zeitgenössischen Sinn: Statt dessen wollten sie die These illustrieren, daß kein Führer unersetzlich ist. Sie erfanden ein zusätzliches Stück Erzählung. Coriolan forderte die Bürger von Rom auf, ein Rauchsignal zu geben, wenn sie zur Kapitulation bereit seien. Am Ende dieser Diskussion mit der Mutter sieht er eine Rauchsäule von den Wällen aufsteigen und ist triumphgeschwellt. Seine Mutter erklärt ihm, daß der Rauch kein Kapitulationszeichen sei, sondern der Rauch von den Schmiedeessen des Volkes, das sich zur Verteidigung seiner Heimat rüste. Coriolan erkennt, daß Rom auch ohne ihn weitermachen kann und ahnt die Unvermeidlichkeit seiner eigenen Niederlage. Er gibt nach.

In der Theorie ist diese neue Handlung so interessant und funktioniert so gut wie die alte. Aber jedes Stück von Shakespeare hat einen organischen Sinn. Auf dem Papier sieht es vielleicht so aus, als könne die Episode gegen eine andere ausgetauscht werden, und gewiß gibt es in vielen Dramen Szenen und Stellen, die ohne weiteres geschnitten oder transponiert werden können. Wenn man jedoch ein Messer in einer Hand hat, braucht man ein Hörrohr in der anderen. Die Szene zwischen Coriolan und der Mutter bildet so ziemlich den Kern des ganzen Stückes: Wie der Sturm in *Lear* oder ein

Monolog von Hamlet schafft ihr Gefühlsgehalt die Hitze, durch die die Stränge des kühlen Denkens und die Strukturen der dialektischen Auseinandersetzung schließlich zusammengeschweißt werden. Ohne den Aufprall der beiden Protagonisten in seiner intensivsten Form bleibt die Story kastriert. Wenn wir das Theater verlassen, sind wir weniger von der Erinnerung bedrängt. Die Stärke der Szene zwischen Coriolan und seiner Mutter stützt sich gerade auf jene Elemente, die nicht unbedingt einen klaren Sinn ergeben. Auch die psychologische Sprache bringt uns nicht weiter, denn Etiketten zählen nicht; es ist der tiefere Klang der Wahrheit, der uns Achtung abnötigen kann - das dramatische Faktum eines Mysteriums, das wir nicht vollständig ausloten können.

Die Wahl des Berliner Ensembles läßt durchblicken, daß seine soziale Haltung geschwächt würde, wenn es die unergründliche Natur des Menschen-innerhalb-der-sozialen-Struktur gelten ließe. Historisch ist es klar, daß ein Theater, das den selbstgefälligen Individualismus der bourgeoisen Kunst verabscheut, sich lieber der Handlung verschrieben hat.

In Peking scheint es heute durchaus sinnvoll zu sein, riesige Karikaturen von Wall Street zu zeigen, die nichts als Krieg und Zerstörung sinnt und nach Verdienst bestraft wird. Im Verhältnis zu unzähligen anderen Faktoren des militanten Chinas unserer Tage ist das lebendige, sinnvolle volkstümliche Kunst. In vielen südamerikanischen Ländern, wo die einzige Theatertätigkeit in armseligen Nachahmungen ausländischer Erfolgsstücke besteht, die von zweifelhaften Impresarios inszeniert werden, beginnt das Theater seinen Sinn und seine Notwendigkeit einmal nur in dem Bezug zum revolutionären Kampf zu finden und dann in den Leuchtzeichen einer volkstümlichen Tradition, die sich in Arbeiterliedern und Dorflegenden abzeichnen. Tatsächlich könnte in verschiedenen Regionen ein Ausdruck der heutigen militanten Themen durch die traditionellen katholischen Moralitätstrukturen die einzige Möglichkeit sein, einen lebendigen Kontakt mit den Zuschauern aus dem Volk herzustellen. In England hingegen, in einer sich wandelnden Gesellschaft, wo nichts richtig definiert ist und am allerwenigsten im Bereich der Politik und der politischen Ideen, wo jedoch alles immer wieder neu geprüft wird - ein Vorgang, der von intensivster Aufrichtigkeit bis zum frivolsten Ausweichmanöver reicht: wenn der natürliche Menschenverstand und der natürliche Idealismus, das natürliche Herabwürdigen und der natürliche Romantizismus, die natürliche Demokratie, die natürliche Gutherzigkeit, der natürliche Sadismus und der natürliche Snobismus alle einen Mischmasch intellektueller Verwirrung stiften, wäre es zwecklos, ein engagiertes Theater zu erwarten, das einer Parteilinie folgt - selbst vorausgesetzt, daß man eine solche Linie finden könnte.

Die Entmystifizierung der letzten Jahre, der Tod Stalins, der Sturz Chruschtschows, die Schweinebucht, die Ermordung Kennedys, der Krieg in Vietnam, die Ereignisse im Nahen Osten, die Spaltung zwischen Rußland und China haben alle ihre Wirkung gezeitigt. Die Notwendigkeit einer sozialen Umwälzung ist klar, aber die Formen und Aufteilungen der Welt sind verwischt. Bestimmt sind die Rolle des Individuums in der Gesellschaft, seine Pflichten und Bedürfnisse, die Überlegung, was ihm und was dem Staat gehört, wieder in Frage gestellt. Wie in der Zeit Königin Elisabeths I. fragt sich der Mensch, warum er sein Leben hat und woran er es messen kann. Nicht zufällig gedeiht das Theater von Grotowski in einem Land, das sowohl vom Kommunismus wie vom Katholizismus überflutet ist. Peter Weiss, der jüdische Familie, tschechische Kindheit, deutsche Sprache, schwedischen Wohnsitz und marxistische Sympathien in seiner Person vereinigt, erscheint gerade in einem Moment, da sein Brechtianismus mit einem besessenen Individualismus gekoppelt wird, der bei Brecht selbst undenkbar gewesen wäre. Jean Genet setzt Kolonialismus und Rassismus in Beziehung zur Homosexualität und erforscht das französische Bewußtsein durch seine eigene Erniedrigung. Seine Bilder sind privat und doch national, und er kommt der Entdeckung von Mythen sehr nahe.

Das Problem ist für jedes Bevölkerungszentrum verschieden. Im allgemeinen jedoch vernebelt das krampfhafte Interesse des neunzehnten Jahrhunderts für die Gefühle der Mittelklasse mit seinen beengenden Auswirkungen weitgehend die Arbeit des zwanzigsten Jahrhunderts in allen Sprachen. Das Individuum und das Paar sind schon lange in einem Vakuum oder in einem so isolierten sozialen Zusammenhang erforscht worden, daß es einem Vakuum gleichkommt. Die Beziehung eines Menschen zu der sich formenden Gesellschaft ist immer so, daß sie seinem persönlichen Themenbereich neues Leben, Tiefe und Wahrheit bringt. In New York und London zeigt jedes neue Stück ernste Hauptpersonen in einem aufgeweichten, verwässerten und unerforschten

Zusammenhang - so daß Heroismus, Selbstzerfleischung oder Märtyrertum romantische Leiden im Leeren werden.

Ob die Betonung auf das Individuum oder die Analyse der Gesellschaft fällt, kennzeichnet fast vollständig die Teilung zwischen Marxisten und Nicht-Marxisten. Der Marxist, und nur der Marxist, geht an eine gegebene Situation dialektisch und wissenschaftlich heran und versucht, die sozialen und ökonomischen Faktoren zu erforschen, die die Aktion determinieren. Es gibt nicht-marxistische Ökonomen und nicht-marxistische Soziologen, aber jeder Schriftsteller, der beginnt, eine historische Figur voll in ihre Zusammenhänge einzubauen, muß mit ziemlicher Sicherheit von einem marxistischen Gesichtspunkt aus arbeiten. Das kommt daher, daß der Marxismus dem Autor eine Struktur bietet, ein Werkzeug und ein Ziel - dieser drei Elemente beraubt, hält sich der Nicht-Marxist an den Menschen. Das kann den Autor leicht verschwommen und sentimental werden lassen, muß es aber nicht. Es kann ihn auch zu einer anderen Art Wissenschaftler machen, der sehr genau in der trügerischen Welt individueller Erlebnisschattierungen zu unterscheiden vermag. Der epische Schriftsteller marxistischer Stücke vermittelt seinem Werk selten das gleiche feine Gefühl für die menschliche Individualität: vielleicht weil er nicht gewillt ist, die Stärke und Schwäche des Menschen mit gleicher Unparteilichkeit zu betrachten. Das mag der Grund sein, weshalb seltsamerweise die Pop-Tradition in England so großen Anklang findet. Ohne politisch oder liniengebunden zu sein, ist sie dennoch im Einklang mit einer fragmentierten Welt, in der Bomben, Rauschgift, Gott, Eltern, Sex und persönliche Angstzustände untrennbar miteinander verbunden sind - und alle von dem Wunsch - keinem sehr starken, aber dennoch vorhandenen Wunsch - nach irgendeiner Änderung oder Wandlung erhellt.

Das ist die Herausforderung an alle Theater der Welt, die noch nicht begonnen haben, den Bewegungen unserer Zeit Rechnung zu tragen, sich mit Brecht zu sättigen, das Ensemble zu studieren und alle jene Facetten einer Gesellschaft zu sehen, die sie auf ihren abgekapselten Bühnen noch nicht dargestellt haben. Es gibt eine Herausforderung an die revolutionären Theater in allen Ländern mit einer klar umrissenen revolutionären Situation, wie in Lateinamerika, ihre Theater unerschrocken an unverkennbar klar umrissene Themen anzuschließen. In gleicher Weise gibt es jetzt die Herausforderung an das Berliner Ensemble und seine Anhänger, ihre Einstellung zur Verfinsterung des individuellen Menschen zu überdenken. Dies ist unsere einzige Möglichkeit - die Thesen Artauds, Meyerholds, Stanislawskijs, Grotowskis und Brechts zu prüfen und sie dann mit dem Leben des besonderen Ortes zu vergleichen, an dem wir arbeiten. Was aber ist nun unsere Absicht in bezug auf die Leute, die wir täglich treffen? Brauchen wir Befreiung? Wovon? Wie?

Shakespeare ist das Modell eines Theaters, das Brecht und Beckett einschließt, aber über beide hinausreicht. Wir müssen in der nachbrechtischen Epoche einen Weg vorwärts finden, der zu Shakespeare zurückführt. Bei Shakespeare gibt es keine Abschwächung durch Innenschau und Metaphysik. Ganz im Gegenteil. Gerade durch den unversöhnlichen Gegensatz von Derbem und Heiligem, durch ein atonales Kreischen absolut antipathischer Klangschlüssel erhalten wir die aufwühlenden und unvergeßlichen Eindrücke seiner Stücke. Eben weil die Widersprüche so groß sind, brennen sie sich uns so tief ein.

Gewiß können wir uns keinen zweiten Shakespeare herpfeifen. Aber je klarer wir sehen, worin die Kraft des Shakespeare-Theaters liegt, desto besser können wir den Weg bereiten. Wir haben zum Beispiel endlich gemerkt, daß das Fehlen einer Szenerie im elisabethanischen Theater eine seiner größten Freiheiten war. In England sind zumindest alle Inszenierungen eine Zeitlang durch die Entdeckung beeinflußt worden, daß Shakespeares Stücke geschrieben wurden, um dauernd gespielt zu werden, daß ihre kinematische Struktur der wechselnden kurzen Szenen, Handlung von Nebenhandlung durchkreuzt, alle Teil einer umfassenden Form waren. Die Form enthüllt sich nur dynamisch, das heißt in der ununterbrochenen Abfolge dieser Szenen, und ohne diese sind ihre Wirkung und Kraft so sehr geschwächt, als zeigte man einen Film mit Unterbrechungen und musikalischen Zwischenspielen nach jeder Spule. Die elisabethanische Bühne war wie der Bodenraum in Hamburg, den ich beschrieben habe, sie war ein neutrales offenes Podium - nichts als eine Fläche mit ein paar Türen - und gab dadurch dem Dramatiker die Möglichkeit, den Zuschauer mühelos durch eine unbegrenzte Folge von Illusionen zu jagen, die, wenn er es wollte, die ganze physische Welt beinhalteten. Man hat auch ausgeführt, daß die permanente Struktur des elisabethanischen Schauspielhauses mit der flachen offenen Arena und dem großen Rang und der zweiten kleineren Galerie ein Diagramm des Universums war, wie es dem Publikum des siebzehnten Jahrhunderts und dem Dramatiker erschien - die Götter, der Hof und das Volk: drei Ebenen, getrennt und doch oft sich durchdringend - eine Bühne, die eine perfekte Philosophenmaschine darstellte.

Bisher ist nicht genügend gewürdigt worden, daß die Bewegungsfreiheit des elisabethanischen Theaters nicht nur eine Sache der Szenerie war. Es wäre eine zu einfache Vorstellung, daß eine moderne Inszenierung, die schnell von Szene zu Szene eilt, schon die wesentliche Lektion des alten Schauspielhauses gelernt hätte. Die wichtigste Tatsache ist, daß dieses Theater dem Dramatiker nicht nur gestattete, die Welt zu durchstreifen, sondern ihm auch den freien Übergang aus der Welt des Handelns in die Welt innerer Eindrücke gestattete. Hier finden wir, glaube ich, was für uns heute am bedeutsamsten ist. Zu Shakespeares Zeiten besaß die Entdeckungsreise in die wirkliche Welt, das Abenteuer des Reisenden, der sich in das Unbekannte begab, ein Element der Aufregung, die wir in einem Zeitalter, in dem unser Planet keine Geheimnisse mehr hat und die Aussicht auf interplanetarische Reisen ein ziemlich beträchtliches Gähnen hervorruft, nicht nachempfinden können. Shakespeare war jedoch nicht zufrieden mit den Mysterien der unbekannten Kontinente: mit seinen Bildern, die er aus der Welt der fabelhaften Entdeckungen bezog, durchdringt er eine psychische Existenz, deren Geographie und Bewegungen für unser Verständnis heutzutage so wichtig sind wie damals.

In einer idealen Beziehung zu einem wirklichen Schauspieler auf einer leeren Bühne könnten wir dauernd von der Totale zur Nahaufnahme wechseln, indem wir dauernd hinaus- und hereinlaufen oder -springen, wobei die Ebenen sich oft überdecken. Verglichen mit der Beweglichkeit des Filmens schien das Theater einstmals schwerfällig und knarrend, aber je näher wir zur wahren Nacktheit einer Bühne gelangen, desto näher kommen wir auch an eine Bühne, deren Leichtigkeit und Weite die des Films bei weitem übertrifft. Die Stärke der Shakespeare-Stücke beruht darin, daß sie den Menschen simultan in allen seinen Aspekten darstellen: Zug um Zug können wir identifizieren und wieder löschen. Eine primitive Situation stört uns in unserem Unterbewußtsein: unsere Intelligenz sieht zu, kommentiert, philosophiert. Brecht und Beckett sind beide unvereint in Shakespeare enthalten. Wir identifizieren gefühlsmäßig, subjektiv - und doch bewerten wir zu gleicher Zeit politisch und objektiv im Hinblick auf die Gesellschaft. Weil die Tiefe das Alltägliche transzendiert, bringt uns eine gehobene Sprache und ein ritualistischer Gebrauch des Rhythmus dicht an jene Aspekte des Lebens, die unter der Oberfläche verborgen sind. Und weil der Dichter und die seherischen Menschen nicht wie gewöhnliche Menschen erscheinen, weil der epische Zustand nicht der ist, in dem wir uns normalerweise befinden, ist es für Shakespeare ebenso möglich, uns mit einem Bruch in seinem Rhythmus, einer Wendung in die Prosa, einem Wechsel zum Slang oder einem direkten Wort an die Zuschauer - schlicht verstandesmäßig - daran zu erinnern, wo wir sind, und uns somit in die vertraute rauhe Welt zurückzuführen, in der eine Harke eine Harke ist. Daher hatte Shakespeare Erfolg, wo niemand sonst vorher oder nachher Erfolg gehabt hat, indem er nämlich Stücke schrieb, die viele Stufen des Bewußtseins durchlaufen. Was ihn technisch dazu befähigt - das Wesentliche seines Stils - ist tatsächlich eine Derbheit des Gewebes und eine bewußte Mischung von Gegensätzen, die unter anderen Umständen eine Stillosigkeit genannt werden könnte. Voltaire konnte sich dafür kein Verständnis abringen und konnte es nur mit dem Etikett ›barbarisch‹ versehen.

Wir könnten *Maß für Maß* als Testfall nehmen. Solange sich die Gelehrten nicht darüber einig werden konnten, ob das Stück eine Komödie war oder nicht, wurde es nie aufgeführt. Diese Zwiespältigkeit macht es tatsächlich zu einem der aufschlußreichsten Stücke Shakespeares - und einem, das die beiden Elemente, das Heilige und Derbe, fast schematisch Seite an Seite zeigt. Sie sind einander entgegengesetzt und koexistieren. In *Maß für Maß* haben wir eine böse Welt, eine sehr reale Welt, in der die Handlung fest verankert ist. Es ist dies die abstoßende, stinkende Welt des mittelalterlichen Wien. Die Düsternis dieser Welt ist absolut notwendig für den Sinn des Stückes: Isabellas Bitte um Gnade hat in dieser dostojewskijschen Szene viel mehr Sinn als etwas im Niemals-Niemalsland der lyrischen Komödie. Wenn das Stück hübsch aufgeführt wird, ist es sinnlos, es erfordert eine absolut überzeugende Roheit und Dreck. Und wenn ein so großer Teil des Stückes im Denken religiös ist, dann ist auch der laute Humor des Bordells als Mittel wichtig, weil er zugleich verfremdet und vermenschlicht. Von der fanatischen Keuschheit Isabellas und dem Geheimnis des Herzogs werden wir zu Pompejus und Bernardino zurückversetzt, um Duschen der Normalität zu erhalten. Um Shakespeares Absichten zu verwirklichen, müssen wir diese ganze Strecke des Stückes beleben, nicht als Phantasie, sondern als die derbste Komödie, die wir uns ausdenken können. Wir brauchen völlige Freiheit, reiche Improvisation, keine Zurückhaltung, keinen falschen Respekt - und zugleich müssen wir uns sehr vorsehen, denn um die populären Szenen herumgestellt sind große Bereiche des Stückes, die durch Derbheit zerstört werden könnten. Wenn wir dieses heiligere Land betreten, dann finden wir Shakespeares klare Signale - das Derbe ist in Prosa, der Rest in Versen. In den Prosaszenen kann, allgemein gesprochen, das Werk durch unsere eigene Erfindung bereichert werden - die Szenen brauchen zusätzlich äußerliche Details, die ihnen das vollste Leben sichern. Bei den Versszenen sind wir schon auf unserer Hut: Shakespeare braucht den Vers, weil er mehr zu sagen und mehr Sinn zu verdichten sucht. Wir sind auf der Hut: hinter jedem sichtbaren Zeichen auf dem Papier lauert ein unsichtbares, das schwer zu greifen ist. Technisch brauchen wir jetzt weniger Streuung, mehr Raffung - weniger Breite, mehr Intensität.

Schlicht gesagt, wir brauchen eine neue Einstellung, einen neuen Stil. Es ist keine Schande, den Stil zu ändern - man betrachte mit halbgeschlossenen Augen die Seite eines Folios und wird dabei ein Chaos regellos durchschossener Symbole zu sehen bekommen. Wenn wir Shakespeare in irgendeine Typographie des Theaters hineinpressen, dann gehen wir des eigentlichen Sinns seiner Stücke verlustig - wenn wir seinen immer wechselnden Mitteln folgen, wird er uns durch viele verschiedene Bereiche führen. Wenn wir der Bewegung in *Maß für Maß* zwischen dem Derben und dem Heiligen folgen, dann entdecken wir ein Stück über Gerechtigkeit, Gnade, Ehrlichkeit, Vergebung, Tugend, Jungfräulichkeit, Sex und Tod; kaleidoskopisch spiegelt ein Abschnitt des Stückes den anderen, aber erst wenn wir das Prisma als Ganzes nehmen, treten alle Sinngehalte zutage. Als ich einmal das Stück inszenierte, bat ich Isabella, bevor sie für Angelos Leben den Kniefall tat, bei jeder Aufführung zu warten, bis die Zuschauer es nicht mehr ertragen konnten - und das führte zu einer zweiminutigen Pause im Spiel. Dieses Mittel wurde zur Voodoostange - eine Stille, in der sich alle unsichtbaren Elemente des Abends fanden, eine Stille, in der der abstrakte Gedanke der Gnade einen Augenblick lang für die Anwesenden handgreiflich wurde.

Diese derbheilige Struktur kommt auch deutlich in den zwei Teilen von *Heinrich IV.* zum Ausdruck - Falstaff und der Prosarealismus der Wirtshausszenen auf der einen Seite und die poetischen Ebenen so vieler anderer Dinge auf der anderen - beide Elemente in einem komplexen Ganzen enthalten.

Bei dem Drama *Ein Wintermärchen* hängt eine sehr feine Konstruktion an dem Schlüsselmoment, in dem eine Statue zum Leben kommt. Das ist oft als ein grobes Mittel kritisiert worden, als eine wenig einleuchtende Art, die Handlung abzuschließen, und die Szene wird zumeist nur im Sinne einer romantischen Fiktion gerechtfertigt; eine unhandliche Konvention der Zeiten, die Shakespeare zu benutzen gezwungen war. Tatsächlich ist aber die Leben gewinnende Statue die Wahrheit des Stückes. In *Ein Wintermärchen* finden wir eine natürliche Teilung in drei Abschnitte. Leontes bezichtigt seine Frau der Untreue. Er verurteilt sie zum Tode. Das Kind wird dem Meer überantwortet. Im zweiten Teil wächst das Kind heran, und jetzt wird mit einer anderen pastoralen Note dieselbe Handlung wiederholt. Der von Leontes falsch bezichtigte Mann benimmt sich jetzt genauso unvernünftig. Die Konsequenz ist die gleiche - das Kind flieht wieder. Seine Reise bringt es zurück zum Palast des Leontes, und der dritte Teil spielt nun an demselben Ort wie der erste, aber zwanzig Jahre später. Wieder befindet sich Leontes in ähnlichen Umständen, in denen er so entsetzlich unvernünftig sein könnte wie vorher. Die Haupthandlung wird also zuerst leidenschaftlich dargestellt; dann ein zweites Mal durch eine charmante Parodie, aber in kühner Dur-Tonart, denn das Pastorale des Stückes ist sowohl ein Spiegel als auch ein direktes Mittel. Der dritte Satz ist in einer anderen, kontrastierenden Tonart - die auf Reue gestimmt ist. Wenn die jungen Liebenden den Palast des Leontes betreten, überschneiden sich der erste und der zweite Teil: beide haben die Handlung in Frage gestellt, die Leontes jetzt unternehmen kann. Wenn der Sinn für Wahrheit den Dramatiker nun zwingt, Leontes den Kindern gegenüber rachsüchtig zu zeigen, kann das Stück nicht aus der ihm eigenen Welt heraussteigen, und sein Ende müßte tragisch und bitter sein. Wenn er wahrheitsgemäß eine neue Gerechtigkeit für die Handlungen des Leontes zulassen kann, dann wird das gesamte Zeitschema des Stückes verwandelt. Vergangenheit und Zukunft sind nicht mehr gleich. Die Ebene wechselt, und selbst wenn wir es ein Wunder nennen, ist die Statue dennoch zum Leben erweckt. Bei meiner Arbeit mit dem *Wintermärchen* entdeckte ich, daß man zum Verständnis dieser Szene nicht durch Diskussion, sondern durch das Spiel gelangt. In der Darstellung ist diese Aktion seltsam befriedigend - und so gibt sie uns tiefe Rätsel auf.

Hier haben wir ein Beispiel der Wirkung eines ›Happenings‹ - der Augenblick, da das Unlogische durch unser hausbackenes Verständnis bricht und uns die Augen weiter öffnet. Das ganze Stück hat Fragen und Bezüge hergestellt: das Überraschungsmoment ist ein Stoß gegen das Kaleidoskop, und was wir im Schauspielhaus sehen, können wir im Sinn behalten und zu den Fragen des Stückes in Beziehung setzen, wenn sie umgewandelt, verwässert und verlarvt im Leben wieder erscheinen.

Wenn wir uns einen Augenblick vorstellten, daß *Maß für Maß* und *Ein Wintermärchen* von Sartre geschrieben wären, dann könnte man mit Grund vermuten, daß in dem einen Falle Isabella nicht für Angelo niederknien würde - so daß das Stück mit dem hohlen Geknatter des Hinrichtungskommandos enden würde -, und im anderen, daß die Statue nicht lebendig würde, so daß Leontes mit den düsteren Folgen seiner Handlungen konfrontiert würde. Sowohl Shakespeare wie Sartre bauen ihre Stücke nach ihrem eigenen Wahrheitsempfinden: der innere Stoff des einen Autors enthält andere Zeichen als der des anderen. Es wäre ein Fehler, wollte man Ereignisse oder Episoden eines Stückes nehmen und sie vom Gesichtswinkel eines dritten, außerhalb des Stückes gewonnenen Standpunkts der Plausibilität in Frage stellen - zum Beispiel von der Wirklichkeit oder ›Wahrheit‹. Die Stücke, die uns Shakespeare bietet, sind niemals bloß eine Serie von Ereignissen: sie sind viel leichter zu verstehen, wenn wir die Dramen als Objekte betrachten - als vielgesichtige Formkomplexe und Sinnkomplexe, in denen die Story nur einer von vielen Aspekten ist und nicht mit Gewinn isoliert gespielt oder studiert werden kann.

Experimentell können wir *Lear* nicht als eine lineare Erzählung auffassen, sondern als eine Ballung von Beziehungen. Erst versuchen wir uns von dem Eindruck frei zu machen, daß es vornehmlich die Geschichte eines Individuums ist, weil das Stück *König Lear* heißt. Daher greifen wir aufs Geratewohl eine Stelle in der riesigen Struktur heraus - etwa den Tod der Cordelia - und richten unser Augenmerk nun statt auf den König auf den Mann, der für ihren Tod verantwortlich ist. Wir konzentrieren uns auf die Person des Edmund und suchen uns nun unseren Zickzackweg durch das Stück, wägen die Beweisstücke und versuchen zu entdecken, wer dieser Edmund ist. Er ist offensichtlich ein Bösewicht, wie auch unsere Maßstäbe beschaffen sein mögen, denn dadurch, daß er Cordelia tötet, ist er der grundlosesten Grausamkeitstat in diesem Stück schuldig. Wenn wir uns jedoch unseren ersten Eindruck von ihm aus den ersten Szenen vor Augen halten, finden wir, daß er bei weitem der attraktivste Charakter ist, dem wir begegnen. In den Anfangsszenen steckt in Lears rostiger, eisengepanzerter Macht eine Lebensverneinung. Gloucester ist empfindlich, pedantisch und töricht, ein Mann, der für alles blind ist außer für das aufgeblasene Image seiner eigenen Bedeutung; und in dramatischem Kontrast sehen wir die entspannte Freiheit seines Bastardsohnes. Selbst wenn wir theoretisch bedenken, daß die Art, wie er Gloucester an der Nase herumführt, kaum moralisch ist, können wir uns instinktiv nur auf die Seite seiner natürlichen Anarchie stellen. Nicht nur sympathisieren wir mit Goneril und Regan, wenn sie sich in ihn verlieben, sondern wir sind versucht, ihnen zuzustimmen, wenn sie Edmund so bewundernswert böse finden, denn er bestätigt ein Leben, das die Verknöcherung der älteren Leute zu verleugnen scheint. Können wir diese bewundernde Einstellung zu Edmund aufrechterhalten, nachdem er Cordelia getötet hat? Wenn nicht, warum nicht? Was hat sich geändert? Hat sich Edmund infolge der äußeren Umstände geändert? Oder ist nur der Zusammenhang verschieden? Wird hier ein Wertmaßstab angedeutet? Was sind Shakespeares Werte? Was ist der Wert eines Lebens? Wir blättern wieder in dem Stück und finden ein wichtiges Ereignis, das mit der Haupthandlung nicht verbunden ist und oft als ein Beispiel von Shakespeares schlampiger Konstruktion seiner Stücke angeführt wird. Das ist der Zweikampf zwischen Edmund und Edgar. Wenn wir genau hinsehen, fällt uns auf, daß es nicht der machtvolle Edmund ist, der gewinnt, sondern sein jüngerer Bruder. In den ersten Szenen des Stückes hatte Edmund überhaupt keine Schwierigkeiten, Edgar zu übertölpeln - jetzt, fünf Akte später, in einem Zweikampf ist es Edgar, der die Oberhand behält. Wenn wir das als die dramatische Wahrheit und nicht als eine romantische Konvention betrachten, dann müssen wir uns fragen, wie das geschehen konnte. Können wir das alles einfach mit dem Begriff des moralischen Wachstums abtun - Edgar ist gewachsen, Edmund ist gesunken -, oder ist es eine Frage von Edgars unzweifelhafter Entwicklung von der Naivität zum Verstehen - und Edmunds sichtbarem Wandel von der Freiheit zur Verstrickung -, die viel komplexer sind als der stereotype Triumph des Guten? Müssen wir das nicht mit allen anderen Indizien verknüpfen, die sich auf Wachstum und Verfall, das heißt Jugend und Alter, das heißt Stärke und Schwäche beziehen? Wenn wir einen Augenblick diesen Gesichtspunkt betrachten, dann scheint sich auf einmal das gesamte Stück um die Verknöcherung gegenüber dem Fluß der Existenz, um sich lösende Blindheit, um nachlassende Starrheit zu drehen, während sich zugleich Wahnvorstellungen bilden und Stellungen verhärten. Gewiß handelt das ganze Stück auch davon, was Sehen bedeutet, was Blindheit besagt - wie die zwei Augen Lears nicht wahrnehmen, was der Instinkt des Narren erkennt, wie die zwei Augen Gloucesters verkennen, was seine Blindheit weiß. Aber der Gegenstand hat viele Facetten, viele Themen laufen kreuz und quer über seine prismatische Form. Bleiben wir bei den Strängen von Alter und Jugend, verfolgen wir sie bis zu den letzten Zeilen des Stückes. Wenn wir sie zum erstenmal hören, ist unsere Reaktion: »Wie banal. Was für ein seichtes Ende«, denn Edgar sagt: »Wir Jüngeren werden so viel nicht sehen und nicht so lange leben.«*

Je genauer wir uns diese Worte betrachten, desto mehr setzen sie uns zu, denn die oberflächliche Präzision verschwindet und weicht einer seltsamen Zweideutigkeit, die in dem naiven Sprüchlein verborgen ist. Die letzte Zeile ist dem Anschein nach völliger Unsinn. Sollen wir sie so verstehen, daß die Jüngeren niemals erwachsen werden oder daß die Welt niemals wieder alte Männer kennen wird? Diese beiden Erklärungen erscheinen als ziemlich magere Schlußsätze Shakespeares für ein bewußt geschriebenes Meisterwerk. Wenn wir

* Das Zitat stammt nicht aus einer der klassischen Übersetzungen, die den Reim herstellen mußten und daher den Sinn verkürzten, sondern ist wörtlich. Übrigens irrt sich der Autor: Nicht Edgar spricht die letzten Zeilen, sondern Albanien. Die Beweisführung wird dadurch nicht wesentlich beeinträchtigt.

jedoch die gesamte Handlungslinie Edgars zurückverfolgen, dann sehen wir, daß Edgars Erlebnis im Sturm zwar dem Lears parallel läuft, aber in ihm nicht den grundlegenden Wandel hervorgebracht hat wie in Lear. Dennoch hat er die Kraft gewonnen, zweimal zu töten - erst Oswald und dann seinen Bruder.

Was hat das bei ihm bewirkt - wie tief hat er den Verlust seiner Unschuld erlebt? Ist er immer noch naiv? Sagt er in seinen Schlußworten, daß Jugend und Alter durch ihre eigenen Definitionen begrenzt sind - daß man nur so viel sehen kann wie Lear, wenn man durch seine Mühle geht und dann *ipso facto* nicht mehr jung ist? Lear lebt länger als Gloucester - in Zeit und Tiefe - und ›sieht‹ infolgedessen mehr als Gloucester, bevor er stirbt. Möchte Edgar sagen, daß es eine Erfahrung dieser Art und Intensität ist, die wahrhaft ein ›langes Leben‹ bedeutet? Wenn dem so ist, dann ist das ›Jungsein‹ ein Zustand mit seiner eigenen Blindheit - wie die des frühen Edgar, und seiner eigenen Freiheit, wie die des frühen Edmund. Das Alter hat seinerseits seine Blindheit und seinen Verfall. Aber das wirkliche Sehen ergibt sich aus einer Klarheit des Lebens, die das Alte verwandeln kann. Es wird in der Tat in der Entwicklung des Stückes klar demonstriert, daß Lear am meisten leidet und ›am weitesten gelangt‹. Unzweifelhaft ist sein kurzer Augenblick der Gefangenschaft mit Cordelia ein Augenblick der Wonne, Ruhe und Versöhnung, und christliche Kommentatoren schreiben oft so, als sei das das Ende der Geschichte - ein deutlicher Bericht vom Aufstieg aus dem Inferno durch die Läuterung zum Paradies. Zum Unglück für die saubere Deutung geht das Stück erbarmungslos weiter, fort von der Versöhnung.

›Wir Jüngeren werden so viel nicht sehen und nicht so lange leben.‹ Die Stärke von Edgars beunruhigender Feststellung - einer Feststellung, die wie eine halboffene Frage klingt - liegt darin, daß sie überhaupt keine moralischen Obertöne enthält. Er deutet nicht im geringsten an, daß Jugend oder Alter, Sehen oder Nicht-Sehen in irgendeiner Weise überlegen, unterlegen, wünschenswerter oder weniger wünschenswert sind als das andere. Tatsächlich sehen wir uns unweigerlich einem Stück gegenüber, das jede Moralpredigt verweigert - ein Stück, das wir nicht mehr als Erzählung betrachten können, sondern als ein monumentales, komplexes, zusammenhängendes Gedicht, das dazu bestimmt ist, die Macht und die Leere des Nichts zu untersuchen - die im Zero latent enthaltenen positiven und negativen Aspekte. Was meint Shakespeare also? Was versucht er uns zu lehren? Meint er, daß das Leiden einen notwendigen Platz im menschlichen Leben einnimmt und gepflegt werden sollte wegen der Erkenntnis und inneren Entwicklung, die es vermittelt? Oder will er uns zu verstehen geben, daß das Zeitalter des titanischen Leidens nun vorüber ist und wir die Rolle der ewig Jugendlichen übernehmen? Shakespeare weigert sich weise, zu antworten. Aber er hat uns sein Stück gegeben, und dessen ganzer Erlebnisbereich ist sowohl Frage wie Antwort. In dieser Beleuchtung ist das Stück unmittelbar verknüpft mit den brennendsten Themen unserer Zeit, das Alte und das Neue bezogen auf unsere Gesellschaft, unsere Künste, unsere Vorstellungen vom Fortschritt, unseren Lebensstil. Wenn sich die Schauspieler dafür interessieren, dann werden sie das hervorkehren. Wenn wir uns dafür interessieren, werden wir das darin finden. Dann wird die

Kostümierung ganz unwichtig werden. Der Sinn wird im Augenblick der Darstellung aufgehen.

Von allen Stücken ist keins so verwirrend und ungreifbar wie *Der Sturm*. Wieder entdecken wir, daß man einen lohnenden Sinn nur dann findet, wenn man das Stück als Ganzes nimmt. Als geradlinige Story ist es uninteressant, als ein Vorwand für Kostüme, Bühneneffekte und Musik lohnt es kaum eine neue Aufführung, als ein Potpourri schweifenden und hübschen Schreibens kann es bestenfalls ein paar Matineebesucher befriedigen - aber meistens dient es nur dazu, Generationen von Schulkindern für ihr Leben dem Theater zu entfremden. Wenn wir jedoch erkennen, daß nichts in dem Stück das ist, was es scheint, daß es sich auf einer Insel und nicht auf einer Insel, im Laufe eines Tages und nicht eines Tages abspielt, mit einem Sturm, der eine Serie von Ereignissen auslöst, die sich noch innerhalb eines Sturmes vollziehen, wenn der Sturm vorüber ist, daß die entzückende Pastorale für Kinder natürlich auch die Vergewaltigung enthält, zudem Mord, Verschwörung und Gewalt; wenn wir anfangen, die Themen auszugraben, die Shakespeare so sorgfältig verbuddelt hat, dann sehen wir, daß es sein vollständiges, abschließendes Bekenntnis ist, und daß es sich mit dem menschlichen Zustand in seiner Gesamtheit beschäftigt. In ähnlicher Weise beginnt Shakespeares erstes Drama *Titus Andronicus* in dem Augenblick seine Geheimnisse preiszugeben, in dem man aufhört, es als eine Serie beliebiger melodramatischer Ereignisse zu werten und nach seiner Ganzheit Ausschau hält. Alles im *Titus* ist mit einem dunkel fließenden Strom verknüpft, aus dem die Greuel rhythmisch und logisch verknüpft aufsteigen - wenn man so weiterforscht, erkennt man die Darstellung eines mächtigen und schließlich auch barbarischen Rituals. Aber im *Titus* ist diese Entdeckung verhältnismäßig einfach - heute können wir immer den Weg zum gewalttätig Unterbewußten finden. *Der Sturm* steht da auf einem anderen Blatt. Vom ersten bis zum letzten Stück ist Shakespeare durch viele Purgatorien gegangen. Vielleicht kann man heute nicht die Voraussetzungen finden, um das Wesentliche des Stückes ganz zu enthüllen. Bis jedoch eine Möglichkeit der Darstellung gefunden ist, können wir uns zumindest davor hüten, erfolglose Versuche des Ringens mit dem Text mit der eigentlichen Sache zu verwechseln. Selbst wenn es heute nicht spielbar ist, bleibt es ein Beispiel dafür, daß ein metaphysisches Stück ein natürliches Idiom finden kann, das zugleich magisch, komisch und derb ist.

So kommt es also, daß wir in der zweiten Hälfte des zwanzigsten Jahrhunderts in England, wo ich diese Worte schreibe, der ärgerlichen Tatsache gegenüberstehen, daß Shakespeare immer noch unser Vorbild ist. In dieser Hinsicht ist es immer unsere Aufgabe, die Stücke bei einer Inszenierung ›modern‹ zu machen, denn nur wenn das Publikum in direkten Kontakt mit den Fragestellungen der Stücke gerät, schwinden die Konventionen. Auch wenn wir uns an das moderne Theater heranmachen, in welcher Form auch immer, sei es ein Stück mit wenigen Personen, ein Happening oder ein Stück mit Schwärmen von Personen und Szenen, bleibt das Problem immer das gleiche - wo finden wir im Sinne von Weite und Gültigkeit die Äquivalente der elisabethanischen Kraft? Welche Form könnte dieses reiche

Theater nach modernen Maßstäben annehmen? Grotowski nennt wie ein Mönch, der in einem Sandkorn das Universum entdeckt, sein heiliges Theater ein Theater der Armut. Das elisabethanische Theater, das das gesamte Leben einbezog, einschließlich des Schmutzes und Elends der Armut, ist ein derbes Theater von großem Reichtum. Die beiden stehen nicht annähernd so weit auseinander, wie es scheinen möchte.

Ich habe recht viel von inneren und äußeren Welten gesprochen, aber wie alle Gegenüberstellungen ist auch diese relativ, eine Bequemlichkeit der Aufzeichnung. Ich habe von Schönheit, Magie und Liebe gesprochen, habe diese Wörter mit einer Hand gezaust und mit der anderen anscheinend gestreichelt. Aber das Paradox ist ganz einfach. Alles, was wir in diesen Wörtern verbunden sehen, scheint tödlich zu sein; was sie durchschimmern lassen, stimmt mit unseren Bedürfnissen überein. Wenn wir die Katharsis nicht verstehen, dann deshalb, weil sie sich zu einem Dampfbad der Gefühle entwickelt hat. Wenn wir die Tragödie nicht verstehen, dann deshalb, weil sie mit Prunk und Tamtam versetzt worden ist. Wir wollen vielleicht Magie, aber wir verwechseln das mit Hokuspokus und haben hoffnungslos Liebe mit Sex und Schönheit mit Ästhetizismus in einen Topf geworfen. Aber nur durch das Suchen nach einem neuen Unterscheidungsvermögen können wir den Horizont des Realen weiter stecken. Nur dann könnte das Theater nützlich sein, denn wir brauchen eine Schönheit, die uns überzeugen könnte. Wir müssen die Magie unbedingt so unmittelbar erfahren, daß unsere gesamte Auffassung für das Wesentliche dadurch gewandelt werden könnte.

Leider ist die Epoche des notwendigen Niederreißens

noch nicht vorüber. Im Gegenteil: in der ganzen Welt muß fast alles, was das Theater noch hat, weggefegt werden, um das Theater zu retten. Dieser Prozeß hat kaum begonnen und kann vielleicht nie enden. Das Theater braucht seine permanente Revolution. Mutwillige Zerstörung ist hingegen verbrecherisch; sie ruft nur leidenschaftliche Reaktionen hervor und eine noch größere Verwirrung. Wenn wir ein pseudoheiliges Theater zerschlagen, dürfen wir uns nicht zu dem Gedanken verführen lassen, daß der Bedarf nach dem Heiligen altmodisch ist und die Astronauten ein für allemal bewiesen haben, daß es keine Engel gibt. Wenn wir andererseits einen großen Teil des Theaters der Revolutionäre und Propagandisten hohl finden und damit unzufrieden sind, sollten wir deshalb nicht annehmen, daß die Notwendigkeit, von Menschen, Macht, Geld und der Gesellschaftsstruktur zu reden, nur eine vorübergehende Mode der Geschichte ist.

Aber wenn unsere Sprache mit unserem Zeitalter konform gehen muß, dann müssen wir auch hinnehmen, daß heutzutage das Derbe lebendiger und das Heilige tödlicher sind als zu anderen Zeiten. Einst konnte das Theater als Magie beginnen: Magie als das sakrale Fest, oder Magie, wenn das Rampenlicht anging. Heute ist es umgekehrt. Das Theater ist kaum erwünscht, und seinen Arbeiten schenkt man kaum viel Vertrauen. Daher können wir nicht erwarten, daß sich die Zuschauer fromm und aufmerksam versammeln. Es ist uns überlassen, ihre Aufmerksamkeit zu fesseln und ihren Glauben zu bezwingen.

Dazu müssen wir beweisen, daß es keine Täuschung geben wird und nichts verborgen bleibt. Wir müssen unsere leeren Hände öffnen und zeigen, daß wir nichts im Ärmel versteckt halten. Erst dann können wir beginnen.

4

Das unmittelbare Theater

Es besteht kein Zweifel, daß das Theater ein sehr besonderer Ort sein kann. Es ist wie ein Vergrößerungsglas und ebenso wie eine Verkleinerungslinse. Es ist eine kleine Welt und kann daher auch leicht eine kleinliche sein. Es ist anders als das Alltagsleben und kann daher leicht vom Leben geschieden werden. Andererseits bleibt in einer Zeit, in der wir immer weniger in Dörfern leben und immer mehr in nicht begrenzten globalen Gemeinschaften, die Theatergemeinschaft die gleiche: die Personenzahl eines Stückes ist immer noch so groß wie eh und je. Das Theater engt das Leben ein, und zwar in mehreren Beziehungen. Es ist immer schwer für den Menschen, im Leben ein einziges Ziel zu haben - im Theater ist jedoch das Ziel klar. Von der ersten Probe an ist das Ziel immer sichtbar, nicht zu weit entrückt, und bezieht jeden mit ein. Wir können viele gesellschaftliche Strukturen in Funktion sehen: der Druck einer Premiere mit ihren unverkennbaren Anforderungen bringt jene Zusammenarbeit, jene Hingebung, jene Energie und die Rücksichtnahme auf die Bedürfnisse der anderen hervor, die eine Regierung außer in Kriegszeiten noch niemals hat aufbringen können.

Außerdem ist in der Gesellschaft im allgemeinen die

Rolle der Kunst undeutlich. Die meisten Menschen könnten wunderbar ohne irgendwelche Kunst leben - und selbst wenn sie ihren Mangel bedauerten, würde es ihre Funktionen in keiner Weise beeinträchtigen. Aber im Theater gibt es keine solche Trennung. In jedem Augenblick ist die praktische Frage auch eine künstlerische: Der inkonsequenteste, ungeschickteste Schauspieler ist so sehr mit der Frage von Stimme und Tempo, Intonation und Rhythmus, Position, Distanz, Farbe und Form befaßt wie der geschickteste. Bei der Probe spielen die Höhe eines Stuhls, das Gewebe eines Kostüms, die Helligkeit des Lichts, die Qualität des Gefühls immerzu eine Rolle: die Ästhetik ist praktisch. Die Behauptung, daß das so sein müsse, weil das Theater eine Kunst ist, wäre falsch. Die Bühne ist eine Spiegelung des Lebens, aber dieses Leben könnte keinen Augenblick durchlebt werden, wenn es kein Arbeitssystem gäbe, das sich auf die Beobachtung gewisser Werte und das Fällen von Werturteilen stützt. Ein Stuhl wird zur Bühnenfront oder in den Hintergrund gerückt, weil es ›so besser ist‹. Zwei Säulen sind falsch, aber wenn man eine dritte hinzufügt, wird es ›richtig‹ - die Wörter ›besser, schlechter, nicht so gut, schlecht‹ werden Tag für Tag angewandt, aber diese Wörter, die Entscheidungen beherrschen, haben überhaupt keine moralische Bedeutung.

Alle, die sich für Vorgänge in der natürlichen Welt interessieren, hätten großen Gewinn, wenn sie die Theaterverhältnisse einer Untersuchung unterzögen. Ihre Entdeckungen hätten, auf die Gesellschaft angewandt, im allgemeinen viel mehr Sinn als das Studium der Ameisen und Bienen. Unter dem Vergrößerungsglas sähen sie eine Menschengruppe, die die ganze Zeit nach präzisen, gemeinsamen, aber ungenannten Normen lebt. Sie würden sehen, daß in einem Gemeinwesen das Theater entweder keine besondere Funktion versieht - oder eine einzigartige. Die Einzigartigkeit der Funktion besteht darin, daß es etwas bietet, das man nicht auf der Straße, zu Hause, in der Kneipe, bei Freunden oder auf der Couch des Psychiaters finden kann; weder in der Kirche noch im Kino. Es gibt nur einen interessanten Unterschied zwischen dem Kino und dem Theater. Das Kino wirft auf eine Leinwand Bilder der Vergangenheit. Da sich das Hirn eben dies im ganzen Leben antut, scheint der Film auf vertraute Weise wirklich zu sein. Selbstverständlich ist er das ganz und gar nicht - er ist eine befriedigende und gefällige Weiterführung der Unrealität der täglichen Wahrnehmung. Das Theater bietet sich andererseits immer in der Gegenwart dar. Damit kann es realer werden als der normale Bewußtseinsstrom. Und das kann es auch so beunruhigend machen.

Kein Tribut an die latente Macht des Theaters ist so aufschlußreich wie der, den ihm der Zensor zollt. In fast allen Regimes, selbst wenn das geschriebene Wort frei ist, das Bild frei ist, wird die Bühne immer am spätesten befreit. Instinktiv wissen die Regierungen, daß das lebendige Ereignis eine gefährliche Hochspannung schaffen kann - wenn das auch nur allzu selten vorkommt. Aber diese uralte Furcht ist die Anerkennung einer uralten Möglichkeit. Das Theater ist die Arena, wo sich eine lebendige Konfrontation ereignen kann. Die Konzentration einer großen Menschengruppe schafft eine einzigartige Intensität - und dadurch können Kräfte, die ständig am Werk sind und das tägliche Leben eines jeden Menschen bestimmen, herausisoliert und deutlicher erkannt werden. Und jetzt muß ich schamlos persönlich werden. In den drei vorausgegangenen Kapiteln habe ich allgemein von verschiedenen Formen des Theaters gesprochen, wie sie sich in der ganzen Welt darbieten, und natürlich auch, wie sie sich mir darbieten. Wenn sich dieser abschließende Abschnitt, der notwendigerweise eine Art Schlußfolgerung enthält, der Form eines Theaters annimmt, das ich zu empfehlen scheine, dann deshalb, weil ich nur von dem Theater sprechen kann, das ich kenne. Ich muß meinen Horizont verengen und autobiographisch von dem Theater sprechen, wie ich es verstehe. Ich will versuchen, über Aktionen und Folgen von meinem Arbeitsbereich her zu sprechen: dies bestimmt meine Erfahrung und meinen Gesichtspunkt. Der Leser muß seinerseits bedenken, daß diese von den Eintragungen in meinem Paß nicht zu trennen sind - Nationalität, Geburtsdatum, Geburtsort, körperliche Merkmale, Farbe der Augen, Unterschrift. Sie sind ebenfalls von dem heutigen Datum nicht zu trennen. Dies ist ein Bild des Autors im Augenblick des Schreibens: er sucht und tastet innerhalb eines verfallenden und sich entfaltenden Theaters. Mit der Fortsetzung meiner Arbeit nimmt jede Erfahrung diesen Schlüssen wieder ihre Schlüssigkeit. Es ist unmöglich, die Funktion eines Buches zu berechnen - aber ich hoffe, daß dies sich vielleicht irgendwo als nützlich erweisen wird, und zwar für jemanden, der mit den eigenen, auf eine andere Zeit und Örtlichkeit bezogenen Problemen ringen muß. Wollte es aber jemand als ein Handbuch gebrauchen, dann kann ich ihn nur warnen - es gibt keine Formeln; es gibt keine Methoden. Ich kann eine Übung oder eine Technik beschreiben, aber jeder, der versucht, sie nach meiner Beschreibung zu reprodu-

146

zieren, wird sicher enttäuscht sein. Ich würde jedem beliebigen Menschen ohne weiteres alles, was ich von Theaterregeln und -techniken weiß, in wenigen Stunden beibringen. Der Rest ist Praxis - und die kann man sich nur allein aneignen. Wir können lediglich versuchen, diese in begrenztem Maße nachzuzeichnen, wenn wir die Vorbereitung eines Stückes zur Aufführung ins Auge fassen.

Bei der Aufführung gilt die Beziehung Schauspieler/ Subjekt/Publikum. Bei der Probe ist sie Schauspieler/ Subjekt/Regisseur. Die früheste Beziehung ist Regisseur/ Subjekt/Bühnenbildner. Szenenbild und Kostüme können sich bei der Probe zuweilen zugleich mit der übrigen Inszenierung entwickeln, aber oft zwingen praktische Überlegungen von Bauten und Kostümschneiderei den Bildner, seine Arbeit vor der ersten Probe schon fix und fertig zu haben. Ich habe oft meine eigenen Entwürfe gemacht. Das kann ein handgreiflicher Vorteil sein, aber aus einem ganz besonderen Grund. Wenn der Regisseur sich so betätigt, dann entwickelt sich sein theoretisches Verständnis des Stückes und dessen Übertragung in Formen und Farben im gleichen Tempo. Eine Szene kann dem Regisseur mehrere Wochen lang unklar bleiben, eine Form im Bühnenbild kann unvollständig erscheinen - wenn er dann am Bühnenbild arbeitet, kann ihm plötzlich klarwerden, wo diese bisher nicht verstandene Szene hingehört; wenn er an der Struktur einer schwierigen Szene arbeitet, kann ihm plötzlich der Sinn als Bühnenhandlung und als eine Abfolge von Farben vor Augen stehen. Bei der Arbeit mit einem Bühnenbildner ist eine Gleichstimmung des Tempos von vordringlicher Wichtigkeit. Ich habe voll Vergnügen mit vielen hervorragenden Bühnenbildnern gearbeitet - fand mich aber manchmal in seltsamen Schlingen gefangen, wenn der Bühnenbildner eine zwingende Lösung zu schnell gefunden hatte - so daß ich Formen gutheißen oder ablehnen mußte, bevor ich begriffen hatte, welche Formen sich aus dem Text ergaben. Wenn ich die falsche Form annahm, weil ich keinen logischen Grund fand, um der Überzeugung des Bildners entgegenzutreten, verstrickte ich mich in eine Schlinge, aus der die Inszenierung sich nie entwickeln konnte, und produzierte infolgedessen etwas sehr Schlechtes. Ich fand oft, daß das Bühnenbild die Geometrie des schließlich gespielten Stückes ist, so daß die falsche Ausstattung die Darstellung vieler Szenen unmöglich macht und selbst den Schauspielern viele Möglichkeiten verbaut. Der beste Bühnenbildner geht Schritt für Schritt mit dem Regisseur voran oder zurück, ändert, verwirft, während die Sicht des Ganzen sich allmählich abzeichnet. Ein Regisseur, der seine eigene Ausstattung entwirft, glaubt natürlich nie, daß die Vollendung der Bilder ein Selbstzweck sein könnte. Er weiß, daß er gerade am Anfang eines langen Wachstumszyklus steht, weil die eigene Arbeit noch vor ihm liegt. Dagegen meinen viele Bühnenbildner, daß mit der Ablieferung der Bilder und den Entwürfen der Kostüme ein bedeutender Teil ihrer eigenen schöpferischen Arbeit wirklich schon vollendet ist. Das bezieht sich besonders auf gute Maler, die im Theater arbeiten. Für sie ist ein vollendeter Entwurf vollendet. Kunstliebhaber können nie verstehen, warum die ganzen Bühnenentwürfe nicht von ›großen‹ Malern und Bildhauern angefertigt werden. Was jedoch nottut, ist ein vollendeter Entwurf, ein Entwurf, der klar ist, ohne starr zu sein; einer, den man ›offen‹ nennen könnte und nicht ›geschlossen‹. Das ist der Kern theaterbezogenen Denkens: ein echter Bühnenbildner wird seine Entwürfe als immerzu in Bewegung oder Aktion befindlich betrachten, in Verbindung mit dem, was der Schauspieler einer sich entfaltenden Szene geben kann. Mit anderen Worten: im Gegensatz zu dem Maler mit der Staffelei in zwei Dimensionen oder dem Bildhauer in dreien denkt der Bühnenbildner in den Begriffen einer vierten Dimension, des Ablaufs der Zeit - nicht des Bühnenbilds, sondern des beweglichen Bühnenbilds. Ein Filmredakteur formt sein Material nach dem Ereignis, der Bühnenbilder ist oft wie der Redakteur eines Alice-durch-den-Spiegel-Films, denn er schneidet und arrangiert das dynamische Material zu Formen, bevor das Material ins Dasein getreten ist.

Es ist sehr einfach - und kommt auch recht oft vor -, die Darstellung eines Schauspielers durch das falsche Kostüm zu ruinieren. Der Schauspieler, den man nach seiner Ansicht über einen Kostümentwurf fragt, bevor die Proben beginnen, ist in einer ähnlichen Lage wie der Regisseur, der um eine Entscheidung gebeten wird, bevor er dazu bereit ist. Er hat bisher noch keine physische Erfahrung seiner Rolle - daher sind seine Ansichten theoretisch. Wenn der Zeichner mit Panache skizziert, und wenn das Kostüm in sich schön ist, dann nimmt es der Schauspieler oft mit Begeisterung an, um Wochen später zu erkennen, daß es zu allem, was er auszudrücken wünscht, nicht paßt. Für die Arbeit des Entwerfens ist das Problem grundlegend - was soll ein Schauspieler tragen? Ein Kostüm entspringt nicht einfach dem Kopf des Zeichners: es entspringt dem Milieu. Man denke an die Situation eines weißen Schauspielers, der einen Japaner darstellen soll. Selbst wenn man zu jedem Mittel greift, so wird sein

Kostüm niemals die Ausstrahlungskraft eines Samurai in einem japanischen Film haben. In einem authentischen Bühnenbild sind die Details richtig und aufeinander bezogen. In einer Kopie, die auf dem Studium von Dokumenten basiert, findet sich fast unumgänglich eine stete Kette von Kompromissen; das Material ist nur mehr oder weniger dasselbe, das Detail des Zuschnitts angepaßt und annähernd, schließlich ist der Schauspieler selbst nicht imstande, das Kostüm mit der instinktiven Selbstverständlichkeit zu bewohnen wie die Männer, die direkt an der Quelle sitzen.

Wenn wir durch Nachahmungsprozesse einen Japaner oder Afrikaner nicht befriedigend darstellen können, so gilt dasselbe für die sogenannte ›Epoche‹. Ein Schauspieler, dessen Arbeit in der Probenbekleidung überzeugend wirkt, verliert leicht diese Echtheit, wenn er sich in eine Toga kleidet, die einer Vase des Britischen Museums nachgebildet ist. Aber Alltagskleidung bietet selten die Lösung des Problems, denn sie ist meistens für eine Aufführung unangemessen. Das No-Theater hat zum Beispiel rituelle Schauspielkleider aufbewahrt, die von großer Schönheit sind, ebenso die Kirche. Zur Zeit des Barocks gab es eine zeitgenössische ›feine Kluft‹ - die dann auch der Kleidung für Theater oder Oper zugrunde lag. Der romantische Ball war noch bis vor kurzem eine gültige Quelle für begabte Entwurfzeichner wie Oliver Messel. Und als später noch in Rußland die weiße Binde und der Frack nach der Revolution aus dem Gesellschaftsleben verschwanden, bildeten sie weiterhin die formelle Basis für die richtige und angemessene Bekleidung von Musikern, wodurch sich die Probe von der Aufführung unterschied.

Jedesmal wenn wir eine neue Inszenierung in Angriff nehmen, sehen wir uns gezwungen, die Frage von neuem anzuschneiden, als sei es zum ersten Male. Was können die Schauspieler tragen? Ist in der Handlung eine ›Epoche‹ verlangt? Was ist eine ›Epoche‹? Was ist ihre Realität? Sind die Aspekte, die uns durch Dokumente vermittelt werden, auch echt? Oder ist ein Flug der Phantasie oder Inspiration noch echter? Was ist die dramatische Absicht? Was bedarf der Verkleidung? Was soll herausgehoben werden? Was paßt zur Statur des Schauspielers? Was braucht das Auge des Zuschauers? Sollte dem Bedarf des Zuschauers harmonisch begegnet oder dramatisch entgegnet werden? Was können Farbe und Gewebe herausheben? Was verwischen sie?

Die Rollenverteilung gibt neue und schwierige Probleme auf. Wenn die Proben kurz bemessen sind, dann muß man nach Typen auswählen - aber das ist natürlich allen zuwider. Als Re-aktion möchte jeder Schauspieler alles spielen. Aber das kann er in Wirklichkeit nicht: Jeder Schauspieler wird schließlich durch seine eigenen und eigentlichen Grenzen blockiert, die seinen wirklichen Typ umreißen. Man kann nur sagen, daß die meisten Versuche, im voraus zu bestimmen, was ein Schauspieler *nicht* leisten kann, fehlschlagen. Das Interessante am Schauspieler ist seine Fähigkeit, bei den Proben ungeahnte Nuancen zu enthüllen, er ist enttäuschend, wenn er innerhalb seiner Form bleibt. Rollen ›wissentlich‹ zu besetzen, ist meistens nichts als Einbildung; es ist besser, die Zeit und Umstände zu haben, um auch einige Risiken einzugehen. Man mag sich oft irren - aber dafür werden diese Enthüllungen und Entwicklungen auch ganz unerwartet sein. Kein Schauspieler steht in seiner Laufbahn vollständig still. Man kann sich leicht einbilden, daß er auf einer gewissen Stufe steckenbleibt, obwohl tatsächlich sich in seinem Innern ein unsichtbarer Wechsel vollzieht. Der Schauspieler, der beim Vorsprechen einen sehr guten Eindruck macht, mag sehr talentiert sein, aber im ganzen gesehen ist das unwahrscheinlich - er ist wahrscheinlich nur routiniert, und seine Routine geht nicht tief unter die Haut. Der Schauspieler, der beim Vorsprechen sehr schlecht abschneidet, ist der Wahrscheinlichkeit nach der schlechteste Schauspieler unter den Anwesenden, aber das muß nicht der Fall sein, und es ist immerhin möglich, daß er der beste ist. Hierzu gibt es keine Wissenschaft: Wenn das System die Beschäftigung von Schauspielern verlangt, die man nicht kennt, muß man weitgehend nach dem Gefühl gehen.

Am Anfang der Proben sind die Schauspieler das Gegenteil der ideal entspannten Wesen, die sie gern sein würden. Sie bringen eine schwere Last von Spannungen mit sich. So vielfältig sind diese Spannungen, daß wir dabei ganz unverhoffte Phänomene entdecken können. Zum Beispiel kann ein junger Schauspieler, der mit einer Gruppe unerfahrener Freunde spielt, ein Talent und eine Technik entwickeln, die die Berufshasen vor Neid erblassen lassen. Wenn man jedoch denselben Schauspieler nimmt, der gewissermaßen seinen Wert bewiesen hat, und ihn mit den alten Schauspielern umgibt, die er am meisten verehrt, dann wird er oft nicht nur ungelenk und steif, sondern verliert sogar sein Talent. Und wenn man ihn mit Schauspielern zusammenbringt, die er verabscheut, wird er sich wiederfinden. Denn das Talent ist nicht statisch, es ebbt und flutet je nach den Umständen. Nicht alle Schauspieler eines Alters sind auf derselben

Stufe ihrer beruflichen Arbeit. Manche zeigen eine Mischung von Begeisterung und Kenntnis, die von einem durch kleine Erfolge genährten Vertrauen unterstützt und nicht durch die Furcht eines bevorstehenden totalen Versagens unterminiert wird. Ihre Position, mit der sie an die Proben herangehen, ist anders als die eines vielleicht ebenso jungen Schauspielers, der sich einen etwas größeren Namen gemacht hat und sich bereits zu fragen beginnt, wieviel weiter er wohl gelangen kann - hat er schon irgend etwas erreicht, was ist sein Status, wird er anerkannt, was wird ihm die Zukunft bringen? Der Schauspieler, der glaubt, daß er eines Tages den Hamlet spielen kann, hat unendliche Energie; der andere, der merkt, daß ihn die Außenwelt nicht für fähig hält, jemals eine Hauptrolle zu übernehmen, verkrampft sich bereits in schmerzhafte Knoten der Selbsterforschung mit einem daraus folgenden Bedürfnis nach Selbstbestätigung.

In der Gruppe, die sich zu einer ersten Probe zusammenfindet, sei es nun eine zusammengewürfelte Truppe oder ein Ensemble, hängt eine unendliche Anzahl von persönlichen Fragen und Sorgen in der Luft. Natürlich werden diese alle durch die Anwesenheit des Regisseurs vergrößert: Wäre er in einem gottgegebenen Zustand völliger Entspannung, könnte er ungemein helfen, aber meistens ist auch er verkrampft und mit den Problemen seiner Inszenierung beschäftigt. Auch hier ist die Notwendigkeit, seine Leistung öffentlich abzuliefern, Stoff für seine Eitelkeit und Selbstversunkenheit. Tatsächlich kann ein Regisseur es sich nie leisten, eine erste Inszenierung zu beginnen. Ich habe einmal gehört, daß ein angehender Hypnotiseur niemals seinem Subjekt verrät, daß er zum erstenmal hypnotisiert. Er hat es ›erfolgreich schon viele Male‹ getan. Ich habe mit meiner zweiten Inszenierung begonnen, denn als ich mit siebzehn Jahren meiner ersten Gruppe von scharfen und kritischen Amateuren gegenüberstand, mußte ich einen nicht vorhandenen, eben abgeschlossenen Triumph erfinden, um ihnen und mir das Vertrauen einzuflößen, das wir beide brauchten.

Die erste Probe ist immer bis zu einem gewissen Grad der Blinde, der die Blinden führt. Am ersten Tag hält der Regisseur zuweilen eine formelle Ansprache, in der er die Grundideen in dem kommenden Stück erklärt. Oder er zeigt Modelle oder Kostümskizzen, Bücher oder Fotos, oder er macht Witze, oder er läßt die Schauspieler das Stück vorlesen. Trinken oder ein Spielchen veranstalten oder um das Theater marschieren oder einen Wall bauen dienen alle demselben Ziel. Niemand ist in der Lage, das Gesagte aufzunehmen - der Zweck aller Unternehmungen des ersten Tages ist der, sich bis zum zweiten Tag durchzuwursteln. Der zweite ist schon anders - jetzt ist ein Prozeß im Gange, und nach vierundzwanzig Stunden hat sich jeder einzelne Faktor und jede Beziehung leicht verändert. Alles, was man bei den Proben tut, beeinflußt diesen Prozeß: wenn man zusammen Spiele macht, dann hat das bestimmte Folgen wie zum Beispiel größere Zuversicht, Freundlichkeit und Formlosigkeit. Man kann beim Vorsprechen Spiele veranstalten, um eine entspanntere Atmosphäre zu schaffen. Das Ziel liegt nie im Spiel selbst - in der kurzen Zeit, die für Proben zur Verfügung steht, ist die gesellschaftliche Entspanntheit nicht ausreichend. Ein aufwühlendes kollektives Erlebnis wie die Improvisationen des Irreseins, die wir für *Marat/Sade* haben mußten, bringt ein anderes Ergebnis – die Schauspieler, die gemeinsame Schwierigkeiten überwunden haben, sind jetzt einander und dem Stück gegenüber ganz anders zugänglich.

Ein Regisseur lernt, daß das Wachstum der Proben einen Entwicklungsprozeß darstellt: Er sieht, daß es für alles den richtigen Augenblick gibt, und seine Kunst ist die, solche Augenblicke zu erfassen. Er lernt, daß er nicht imstande ist, gewisse Ideen in den ersten Tagen zu vermitteln. Er wird den Gesichtsausdruck eines scheinbar entspannten, aber innerlich verkrampften Schauspielers erkennen, der seinen Worten nicht folgen kann. Er wird dann entdecken, daß er nichts zu tun braucht, als zu warten und nicht zu sehr zu drängen. In der dritten Woche ist dann alles ganz verwandelt, und ein Wort oder ein Nicken bringt augenblickliches Verstehen. Und der Regisseur wird sehen, daß er selbst auch nicht stehenbleibt. Trotz aller Hausarbeit kann er das Stück allein nicht völlig verstehen. Alle Ideen, die er am ersten Tag mitbringt, müssen sich ständig neu entfalten – dank dem Prozeß, den er mit den Schauspielern durchlebt, so daß er in der dritten Woche merken wird, daß er alles anders begreift. Die Sensibilitäten der Schauspieler rücken seine eigene in helles Licht, und er wird auch genauer wissen oder zumindest sehen, daß er bisher nichts Gültiges entdeckt hatte.

Tatsächlich ist der Regisseur, der mit seinem Rollenbuch, in dem Bewegungen und Geschäftliches und anderes angemerkt sind, zur ersten Probe kommt, ein regelrecht tödlicher Theatermann.

Als mich Sir Barry Jackson bat, im Jahre 1945 *Verlorne Liebesmüh* in Stratford zu inszenieren, war das meine erste große Produktion, und ich hatte schon genügend Erfahrung in kleineren Theatern gesammelt, um zu wissen, daß Schauspieler, und vor allem Bühneninspizienten, die größte Verachtung für jemanden hegten, der, wie sie es immer ausdrückten, »nicht wußte, was er wollte«. So saß ich denn die Nacht vor der ersten Probe angstgeschüttelt vor einem Modell der Bühne, war mir darüber klar, daß ein weiteres Zögern bald verhängnisvoll sein würde, und fummelte mit gefalteten Pappstückchen - vierzig Stückchen stellten vierzig Schauspieler vor, denen ich am nächsten Morgen bestimmte und klare Anweisungen geben mußte. Immer wieder inszenierte ich den ersten Auftritt des Hofes, denn ich erkannte, daß hier alles zu verlieren oder zu gewinnen war, bezifferte die Figuren, zeichnete Diagramme, manövrierte die Pappstückchen hin und her, auf die Bühne und wieder herunter, erprobte sie in dikken Bündeln, dann in kleinen, von der Seite, von hinten, über Grashügel, Stufen hinunter, warf sie alle mit meinem Ärmel um, fluchte und fing von vorne an. Als ich das tat, notierte ich mir die Bewegungen, strich sie wieder aus, da niemand da war, der meine Unsicherheit wahrnahm, und machte neue Notizen. Am nächsten Morgen kam ich zur Probe, mit einem dicken Regiebuch unter dem Arm. Der Inspizient brachte mir einen Tisch, denn er reagierte, wie ich merkte, mit Respekt auf mein Buch.

Ich teilte die Truppe in Gruppen, gab ihnen Nummern und schickte sie zu ihren Ausgangsplätzen, dann las ich meine Anweisungen laut und zuversichtlich vor und ließ das erste Bild mit dem Massenauftritt starten. Als die Schauspieler sich in Bewegung setzten, erkannte ich, daß es nichts taugte. Sie waren nicht im mindesten wie meine

Pappfiguren, diese großen menschlichen Figuren, die vorwärtsschritten, einige zu schnell, mit lebhaftem Schritt, den ich nicht vorausgesehen hatte, so daß sie plötzlich über mir standen - ohne anzuhalten, sondern bereit weiterzugehen und mir ins Gesicht starrend; oder sie schlenderten vorbei, hielten inne, kehrten sogar unter eleganten Vorwänden, die mich überrumpelten, um - wir hatten doch erst den ersten Abschnitt dieser Bewegung ausgeführt, Buchstabe A auf meinem Diagramm, aber schon war keiner richtig placiert, und Bewegung B konnte nicht folgen. Mein Mut verließ mich, und trotz aller Vorbereitungen fühlte ich mich ziemlich verloren. Sollte ich von neuem beginnen und die Schauspieler dazu drillen, sich nach meinen Notizen zu richten? Eine innere Stimme riet mir dazu, aber eine andere ließ mich wissen, daß meine Anordnung viel weniger interessant war als diese neue Anordnung, die sich vor mir entfaltete, die voller Kraft steckte, voller persönlicher Abweichungen, von individuellem Enthusiasmus oder von Trägheit geprägt, und die so viele verschiedene Rhythmen verhieß, so viele unerwartete Möglichkeiten eröffnete. Es war ein Augenblick der Panik. Ich glaube rückblickend, daß meine ganze Zukunft damals in der Schwebe hing. Ich hielt inne, ging von meinem Buch weg und habe seither nie wieder einen geschriebenen Plan angeguckt. Ich habe ein für allemal erkannt, daß es anmaßend und töricht ist zu glauben, ein lebloses Modell könne für einen Menschen stehen.

Natürlich erfordert jede Arbeit Nachdenken: das bedeutet vergleichen, brüten, Fehler machen, zurückschrauben, zögern, wieder anfangen. Der Maler kann gar nicht anders arbeiten und ebensowenig der Schriftsteller - aber im verborgenen. Der Theaterregisseur muß seine Unsicherheiten den Schauspielern preisgeben, aber er hat zum Lohn ein Medium, daß sich aus ihrer Reaktion entfaltet. Ein Bildhauer sagt, daß die Wahl des Materials dauernd seine Schöpfung umgestaltet: Das lebendige Material der Schauspieler spricht, fühlt und erkundet die ganze Zeit - Probe ist sichtbares lautes Denken.

Ich möchte hier ein seltsames Paradox anführen. Es gibt nur eine Person, die so wirksam ist wie ein sehr guter Regisseur, und das ist der miserable Regisseur. Es kommt manchmal vor, daß ein Regisseur so schlecht ist, so vollständig ohne Leistungsvermögen, so unfähig, seinen Willen durchzusetzen, daß sein Mangel an Fähigkeit zur positiven Tugend wird. Er treibt die Schauspieler zur Verzweiflung. Nach und nach schafft seine Inkompetenz einen Abgrund, der sich vor dem Ensemble auftut, und wenn die Premiere heranrückt, wird die Unsicherheit zum Schrecken, der seinerseits zur Kraft wird. Es ist vorgekommen, daß ein Ensemble im letzten Augenblick zu einer Kraft und Einheit gelangte, wie durch Zauberei - und es gab eine Premierenaufführung, für die der Regisseur hohes Lob einheimste. Ebenso hat ein neuer Regisseur, wenn der alte gefeuert worden ist, oft ein leichtes Spiel: Ich habe einmal die Produktion eines anderen Mannes im Laufe einer Nacht vollständig neu inszeniert - und erhielt unfaire Anerkennung für das Resultat. Verzweiflung hatte so die Wege geebnet, daß die Berührung eines Fingers genügte.

Wenn jedoch der Regisseur plausibel, streng und so artikuliert ist, daß er das halbe Vertrauen der Schauspieler gewinnt, dann kann die Sache am leichtesten schiefgehen. Selbst wenn der Schauspieler schließlich mit manchen Instruktionen, die er erhält, nicht einverstanden ist, dann wälzt er immerhin noch einen Teil der Last auf den Regisseur ab, weil er fühlt, daß er »vielleicht doch recht hat«; oder zumindest, daß der Regisseur irgendwie »verantwortlich« ist und »die Sache rausreißen wird«. Das erspart dem Schauspieler die letzte persönliche Verantwortung und verhindert, daß sich die Voraussetzungen für einen spontanen Aufruhr des Ensembles bilden. Der bescheidene Regisseur, der ehrenwerte, unscheinbare und oft der netteste Mann sollte am wenigsten Vertrauen verdienen.

Was ich sage, kann leicht mißverstanden werden – und Regisseure, die keine Despoten sein wollen, fühlen sich manchmal verhängnisvoll versucht, nichts zu tun und das Nicht-Eingreifen in dem Glauben zu kultivieren, daß dies die einzige Möglichkeit sei, den Schauspieler zu respektieren. Das ist ein schlimmer Irrtum – ohne Führung kann eine Gruppe innerhalb einer gegebenen Zeit kein einheitliches Resultat erzielen. Ein Regisseur ist nicht der Verantwortung entledigt – er ist total verantwortlich –, aber er steht auch nicht außerhalb des Ablaufs, er ist ein Teil davon. Hin und wieder steht ein Schauspieler auf und proklamiert, daß Regisseure unnötig seien: die Schauspieler könnten allein fertig werden. Das mag wahr sein. Aber welche Schauspieler? Wenn Schauspieler etwas allein entwickeln wollten, müßten sie so hoch entwickelte Wesen sein, daß sie auch kaum Proben brauchten; sie würden das Skript lesen, und im Nu würde die unsichtbare Substanz des Stückes voll artikuliert unter ihnen erscheinen. Das ist irreal: ein Regisseur ist da, um einer Gruppe zu helfen, sich zur idealen Situation hin zu entfalten. Der Regisseur ist da, um anzugreifen und nachzugeben, zu provozieren und sich zurückzuziehen, bis der undefinierbare Stoff zu fließen beginnt.Der Anti-Regisseur möchte den Regisseur von der ersten Probe an aus dem Wege räumen: jeder Regisseur verschwindet ein wenig später, nach der Premiere. Früher oder später muß der Schauspieler in Erscheinung treten und das Ensemble das Kommando ergreifen. Der Regisseur muß spüren, wohin der Schauspieler zielt und was er zu vermeiden sucht, welche Steine er seinem eigenen Wollen in den Weg legt. Kein Regisseur injiziert eine Darstellung. Im besten Falle setzt der Regisseur den Schauspieler in den Stand, seine eigene Darstellung zu offenbaren, die er sich sonst vielleicht vernebelt hätte.

Das Spielen beginnt mit einer winzigen inneren Bewegung, die so flüchtig ist, daß sie fast unsichtbar bleibt. Dies wird deutlich, wenn wir das Spielen für Film und Theater miteinander vergleichen: ein guter Bühnenschauspieler kann in Filmen spielen, aber nicht notwendig umgekehrt. Was geschieht? Ich appelliere an die Vorstellungskraft eines Schauspielers, wie zum Beispiel: »Sie verläßt dich.« In diesem Augenblick beginnt tief in seinem Innern eine geheime Bewegung. Nicht nur in Schauspielern - die Bewegung beginnt in allen, aber bei den meisten Nicht-Schauspielern ist sie zu gering, um sich irgendwie zu äußern. Der Schauspieler ist ein feinfühligeres Instrument, und in ihm kann man das Beben entdecken - im Kino beschreibt die Linse, der große Vergrößerer, dies dem Film, der es festhält: daher ist für den Film das erste Flackern alles. Bei den frühen Theaterproben kann der Impuls auch gerade bis zum ersten Flackern reichen - selbst wenn der Schauspieler es vergrößern will, können allerhand äußere, auf die Seele wirkende Spannungen dazwischenkommen - dann ist der Stromkeis kurzgeschlossen, geerdet. Denn dieses Flakkern muß in den ganzen Organismus übergehen, eine totale Entspannung muß eintreten, die entweder gottgegeben ist oder durch Arbeit erzeugt. Das ist, kurz gesagt, der Zweck der Proben. In dieser Art ist das Spielen mediumistisch - die Idee umschließt auf einmal das Ganze in einem Akt der Besitzergreifung - in Grotowskis Terminologie sind die Schauspieler »durchdrungen« - von sich selbst durchdrungen. Bei sehr jungen Schauspielern sind die Hindernisse zuweilen sehr elastisch, die Durchdringung kann mit erstaunlicher Leichtigkeit geschehen, und sie können feinsinnige und komplexe Verkörperungen schaffen, vor denen diejenigen, die ihre Kunst jahrelang entwickelt haben, schier verzweifeln. Später jedoch bauen diese selben jungen Schauspieler mit Erfolg und Erfahrung ihre Schranken gegen sich selbst. Kinder können oft mit einer außerordentlich natürlichen Technik spielen. Leute aus dem ›wirklichen‹ Leben sind großartig auf der Leinwand. Aber bei erwachsenen Berufsschauspielern handelt es sich um einen zweiseitigen Prozeß, und das innere Regen muß durch einen äußeren Stimulus unterstützt werden. Manchmal können Studium und Nachdenken einem Schauspieler helfen, die vorgefaßten Meinungen auszuräumen, die ihn für den tieferen Sinn blind machen, aber manchmal ist es genau umgekehrt. Um das Verständnis einer schwierigen Rolle zu erlangen, muß der Schauspieler bis an die Grenzen seiner Persönlichkeit und Intelligenz vordringen - aber zuweilen gehen die großen Schauspieler noch weiter, wenn sie die Worte proben und zu gleicher Zeit genau auf das Echo lauschen, das in ihnen erweckt wird.

John Gielgud ist ein Zauberer - seine Form des Theaters kann über das Gewöhnliche, das Gemeine, das Banale hinausreichen. Seine Zunge, seine Stimmbänder, sein Rhythmusgefühl bringen ein Instrument zuwege, das er während seiner gesamten Laufbahn durch eine stete Analogie mit seinem Leben bewußt entwickelt hat. Seine natürliche innere Aristokratie, seine äußeren gesellschaftlichen und persönlichen Überzeugungen haben ihm eine Hierarchie der Werte, die ausgeprägte Fähigkeit, zwischen Niedrigem und Kostbarem zu unterscheiden, und den Glauben gegeben, daß das Sieben, Ausmerzen, Wählen, Teilen, Verfeinern und Verwandeln Tätigkeiten sind, die niemals enden. Seine Kunst war stets mehr vokal als physisch; in einer frühen Phase seiner Laufbahn entschied er sich, daß für ihn der Körper ein weniger wendiges Instrument war als der Kopf. Er warf einfach einen Teil des möglichen Instrumentariums eines Schauspielers über Bord, aber machte wahre Alchimie mit dem Rest. Es ist nicht nur Rede, nicht Melodie, sondern das beständige Hin und Her zwischen dem wortgestaltenden Mechanismus und seinem Verständnis, das seine Kunst so köstlich, so eindringlich und vor allem so bewußt macht. Bei Gielgud sind wir uns sowohl dessen, was ausgedrückt wird, bewußt, als auch der Kunstfertigkeit des Schöpfers: daß eine Kunst so gewandt sein kann, erhöht unsere Bewunderung. Das Erlebnis der Arbeit mit ihm gehört zu meinen ganz besonderen und größten Freuden.

Paul Scofield spricht sein Publikum auf andere Weise an. Während bei Gielgud das Instrument halbwegs zwischen der Musik und dem Hörer steht und daher einen trainierten und geübten Spieler braucht, sind bei Scofield

Instrument und Spieler eins - ein Instrument von Fleisch und Blut, daß sich dem Unbekannten öffnet. Als ich Scofield als sehr jungen Schauspieler kennenlernte, hatte er eine sonderbare Eigenheit: Verse hemmten ihn, aber er konnte aus Prosa unvergeßliche Verse machen. Es war, als schicke der Akt des Sprechens Vibrationen durch ihn hindurch, die einen viel komplexeren Hintersinn widerhallen ließen, als sein rationales Denken finden konnte: Er sprach ein Wort wie »Nacht« aus und mußte dann innehalten; er lauschte mit seiner ganzen Person auf die erstaunlichen Impulse, die sich in einer geheimen inneren Kammer regten, er erlebte das Wunder der Entdeckung im Augenblick, als sie sich vollzog. Diese Brüche, diese tiefgestaffelten Ausfälle gaben seinem Spiel eine absolut persönliche Rhythmusstruktur und ihren eigenen instinktiven Sinn: um eine Rolle zu proben, läßt er sein ganzes Wesen - eine Milliarde hypersensibler Beobachter - über die Worte hin- und herstreichen. In der Aufführung läßt derselbe Vorgang alles, was er anscheinend festgelegt hat, jede Nacht in derselben Weise und doch ganz verschieden wiederaufleben.

Ich gebrauche zwei wohlbekannte Namen als Illustrationen, aber das Phänomen ist auf der Probe immerzu vorhanden und eröffnet stets wieder von neuem die Frage nach Unschuld und Erfahrung, nach Spontaneität und Wissen. Es gibt auch Dinge, die junge Schauspieler und unbekannte Schauspieler können, die für gute Schauspieler mit Erfahrung und Können aber unerreichbar sind.

Es hat in der Theatergeschichte Zeiten gegeben, wo die Arbeit des Schauspielers sich auf eine gewisse eingeführte Gestik und ein ebensolches Mienenspiel beschränkte: Es hat erstarrte Haltungssysteme gegeben, die wir heute ablehnen. Es ist vielleicht weniger einleuchtend, daß das Gegenteil, nämlich die Freiheit des Schauspielers, sich aus dem Repertoire der Gesten des täglichen Lebens alles Beliebige auszusuchen, genauso beschränkt ist, denn wenn der Schauspieler seine Gesten auf Beobachtungen oder die eigene Spontaneität gründet, dann holt er sie nicht aus schöpferischen Tiefen. Er sucht in sich nach einem Alphabet, das auch schon fossil geworden ist, denn die dem Leben entnommene Zeichensprache, die er kennt, ist nicht die Sprache der Erfindung, sondern der eigenen Konditionierung. Seine Verhaltensbeobachtungen sind oft nur Beobachtungen eigener Projektionen. Was er für spontan hält, ist schon viele Male durchgefiltert und abgehört worden. Wenn Pawlows Hund improvisierte, dann würde er immer noch sabbern, wenn er die Klingel hörte, aber er würde ganz sicher glauben, daß es aus eigenem Antrieb geschähe: »Ich sabbere«, würde er sagen und stolz sein auf seine Kühnheit.

Wer mit Improvisationen arbeitet, ist imstande, mit erschreckender Deutlichkeit zu erkennen, wie schnell die Grenzen der sogenannten Freiheit erreicht sind. Unsere öffentlich veranstalteten Übungen mit dem Theater der Grausamkeit brachten die Schauspieler schnell dahin, daß sie jede Nacht ihre Klischees mit Variationen bekränzten - wie Marcel Marceaus Figur, der aus einem Gefängnis ausbricht, nur um sich in einem anderen wiederzufinden. Wir experimentierten mit einem Schauspieler, der eine Tür öffnet und etwas Unerwartetes entdeckt. Er sollte auf das Unerwartete einmal mit Gesten, ein anderes Mal mit Lauten und ein drittes Mal mit Farbe antworten. Man hatte ihm nahegelegt, die erste Geste, den ersten Schrei oder Klecks auszuführen, die ihm einfielen. Was sich zuerst zeigte, war des Schauspielers Repertoire an Nachahmungen. Der vor Überraschung geöffnete Mund, der entsetzte Schritt rückwärts: woher kamen die sogenannten Spontaneitäten? Offenbar wurde die wahre und augenblickliche innere Reaktion blockiert, und blitzschnell lieferte die Erinnerung eine Nachahmung vorher gesehener Formen. Die Farbklecksung war noch entlarvender: der haarbreite Schrecken vor der Leere, und dann die beruhigende, fertige, rettende Idee. Dieses tödliche Theater lauert in uns allen.

Die Improvisation als Trainingsmittel der Schauspieler bei der Probe und die Übungen zielen alle auf das gleiche ab: sich vom tödlichen Theater zu befreien. Man plätschert dabei nicht in selbstgenügsamer Euphorie, wie die Außenseiter oft vermuten, sondern versucht, den Schauspieler immer wieder an die Grenzen seiner Möglichkeiten zu führen, dorthin, wo er statt einer neu gefundenen Wahrheit meist eine Lüge einsetzt. Ein Schauspieler, der eine große Szene falsch spielt, erscheint auch den Zuschauern falsch, weil er Augenblick um Augenblick, in seinem Wechsel von einer Haltung des dargestellten Charakters zur anderen, richtige Details durch falsche ersetzt: winzige unechte, aufgelegte Übergangsgefühle durch nachgeahmte Gestik. Aber damit kann man sich beim Proben großer Szenen nicht abgeben - zuviel passiert, es ist bei weitem zu kompliziert. Der Zweck einer Übung ist zu reduzieren und zurückzudrehen: das Feld immer mehr einzuengen, bis die Entstehung einer Lüge entlarvt und erkannt wird. Wenn es dem Schauspieler gelingt, diesen Augenblick zu finden und zu erkennen, dann kann er sich vielleicht einem tieferen und schöpferischeren Impuls öffnen.

Dasselbe gilt, wenn zwei Schauspieler zusammen spielen. Was wir am besten kennen, ist äußerliches Ensemblespiel: ein gut Teil des Teamwork, auf das das englische Theater so stolz ist, beruht auf Höflichkeit, Zuvorkommenheit, Vernunft, Geben und Nehmen; Sie sind dran, nach Ihnen und so weiter - ein Faksimile, das funktioniert, wenn die Schauspieler dieselbe Stilskala haben - das heißt, ältere Schauspieler spielen wunderschön zusammen, und ebenso sehr junge; wenn verschiedene Altersgruppen aber vermengt sind, dann ist trotz aller Sorgfalt und gegenseitigem Respekt das Ergebnis oft ein Sauhaufen. Für eine Inszenierung von Genets *Der Balkon* in Paris mußten wir Schauspieler zusammenstellen, die aus ganz verschiedenen Bereichen kamen - der klassischen Ausbildung, Film, Ballett und einfache Amateure. Hier dienten lange Abende sehr obszöner Bordell-Improvisationen nur einem Zweck - sie ermöglichten es dieser hybriden Menschengruppe, zusammenzufinden und einen Weg aufzutun, wie sie unmittelbar aufeinander reagieren konnten.

Ein paar Übungen eröffnen für die Schauspieler den Zugang zueinander mit einer ganz anderen Methode: zum Beispiel spielen mehrere Schauspieler Seite an Seite völlig verschiedene Szenen, aber sprechen nie zur gleichen Zeit, so daß jeder dem Ganzen seine gespannte Aufmerksamkeit schenken muß, um zu wissen, welche Augenblicke ihm gehören. Oder sie entwickeln ein kollektives Verantwortungsgefühl für die Qualität einer Improvisation und wechseln zu neuen Situationen, sobald die gemeinsame Erfindung erlahmt. Viele Übungen sollen vor allem den Schauspieler frei machen, damit er selbst entdecken kann, was in ihm steckt; dann sollen sie ihn zwingen, blindlings von außen kommende Anleitungen zu befolgen, so daß er durch das Spitzen eines empfindsamen Ohres in sich Bewegungen hören kann, die er sonst nie wahrgenommen hätte. Eine wertvolle Übung ist zum Beispiel die Aufteilung eines Shakespeare-Monologs in drei Stimmen wie bei einem Kanon, den dann die Schauspieler mit halsbrecherischer Geschwindigkeit immer und immer wieder rezitieren müssen. Zuerst nimmt die technische Schwierigkeit die gesamte Aufmerksamkeit des Schauspielers in Anspruch, dann verlangt man allmählich, daß sie, während sie dieser Schwierigkeiten Herr werden, den Sinn der Worte herausbringen, ohne die starre Form zu verändern. Wegen der Geschwindigkeit und des mechanischen Rhythmus scheint dies unmöglich: der Schauspieler ist nicht imstande, sein normales expressives Instrumentarium zu gebrauchen. Dann durchbricht er plötzlich eine Schranke und erfährt, wieviel Freiheit innerhalb der engsten Disziplin gewährt sein kann.

Eine andere Variante wäre die, daß man die zwei Zeilen: »Sein oder Nichtsein, das ist hier die Frage« auf acht Schauspieler verteilt und jedem ein Wort davon gibt. Die Schauspieler stehen in engem Kreis und mühen sich, die Wörter, eins nach dem anderen, auszuspielen, um einen lebendigen Satz zustande zu bringen. Das ist so schwierig, daß es selbst dem ungläubigsten Schauspieler offenbart, wie verschlossen und fühllos er seinem Nachbarn gegenübersteht. Wenn nach langer Arbeit der Satz auf einmal fließt, dann erlebt jeder ein aufregendes Freiheitsgefühl. Er sieht im Nu die Möglichkeit des Gruppenspiels, und die dagegenstehenden Hindernisse. Man kann diese Übung ausweiten, indem man andere Verben für ›Sein‹ setzt, mit derselben Bedeutung von Bejahung und Verneinung - und schließlich ist es möglich, Klänge oder Gesten statt eines oder aller Wörter zu gebrauchen und doch einen lebendigen dramatischen Fluß zwischen den Teilnehmern aufrechtzuerhalten.

Diese Übungen sollen Schauspieler dazu bringen, daß sie, wenn einer etwas Unerwartetes aber Richtiges tut, dieses aufgreifen und auf derselben Ebene reagieren können. Das ist Ensemblespiel: nach Schauspielerbegriffen bedeutet es Ensembleschöpfung, ein ehrfurchtgebietender Gedanke. Es hat keinen Zweck zu meinen, daß Übungen in die Schule gehörten und nur in einer gewissen Entwicklungsperiode des Schauspielers vonnöten seien. Ein Schauspieler ist, wie jeder Künstler, gleich einem Garten, und es hilft nichts, das Unkraut nur einmal zu entfernen, damit es immer so bleibt. Das Unkraut wächst immerzu, das ist durchaus natürlich, und es muß entfernt werden, was ebenso notwendig und natürlich ist.

Schauspieler müssen mit wechselnden Mitteln an sich arbeiten: ein Schauspieler muß vor allem weglassen können. Stanislawskijs Titel *Aufbau eines Charakters* ist irreführend - ein Charakter ist nichts Statisches und kann nicht wie eine Mauer gebaut werden. Proben führen nicht progressiv zu einer Premiere. Das zu verstehen fällt manchen Schauspielern sehr schwer - besonders denen, die sich für besonders gut halten. Für mittelmäßige Schauspieler ist der Prozeß des Charakteraufbaus wie folgt: Sie haben einen Moment akuter Angst am Anfang - »Was wird diesmal werden?« - »Ich weiß, ich habe schon viele erfolgreiche Rollen gespielt, aber wird sich diesmal die Inspiration einstellen?« Dieser Schauspieler kommt voller Furcht zur ersten Probe, aber allmählich füllen seine Standardpraktiken das Vakuum seiner Angst: wenn er eine Methode ›entdeckt‹, jeden Abschnitt zu spielen, beruhigt er sich und ist erleichtert, daß ihm wieder einmal die letzte Katastrophe erspart geblieben ist. Daher sind bei der Premiere seine Nerven in einem besonderen Zustand: sie sind die eines Schützen, der weiß, daß er die Scheibe trifft, aber fürchtet, daß er wieder nicht ins Schwarze trifft, wenn seine Freunde zusehen.

Der wirklich schöpferische Schauspieler erlebt eine andere und viel schlimmere Furcht bei der Premiere. Während der gesamten Proben hat er Aspekte eines Charakters durchleuchtet, die er gefühlsmäßig immer noch für Teile hält, das heißt weniger als die Wahrheit - daher sieht er sich durch die Ehrlichkeit seiner Suche gezwungen, endlos zu verwerfen und neu zu beginnen. Ein schöpferischer Schauspieler wird am ehesten bereit sein, die verhärtete Schale seiner Arbeit bei der letzten Probe abzuwerfen, weil hier mit dem Herannahen der Premiere ein helles Licht auf seine Schöpfung fällt und er sie erbärmlich unzulänglich findet. Auch der schöpferische Schauspieler möchte sich an das bereits Gefundene klammern, auch er möchte um jeden Preis das Trauma vermeiden, vor einem Publikum nackt und unvorbereitet zu erscheinen - aber das ist genau, was er tun muß. Er muß seine Ergebnisse zerstören und im Stich lassen, selbst wenn das, was er statt dessen aufsammelt, fast das gleiche zu sein scheint. Das ist leichter für französische Schauspieler als für englische, weil sie mit ihrem Temperament eher für den Gedanken zugänglich sind, daß nichts etwas taugt. Und nur so kann eine Rolle, statt gebaut zu werden, geboren werden. Die Rolle, die *gebaut* worden ist, ist jede Nacht die gleiche - nur daß sie langsam verwittert. Wenn eine geborene Rolle die gleiche bleiben will, muß sie stets neugeboren werden, was sie immer wieder anders macht. Natürlich wird, besonders bei langer Laufzeit, die Anstrengung der täglichen Neuschöpfung unerträglich und undenkbar, und dann muß der erfahrene Schauspieler auf sogenannte Technik als zweite Stellung zurückgreifen, um sich durchzubringen.

Ich habe einmal ein Stück mit dem Perfektionisten Alfred Lunt einstudiert. Im ersten Akt hatte er eine Szene, in der er auf einer Bank saß. Bei der Probe schlug er vor, als eine Art natürlicher Verhaltensweise, sich den Schuh auszuziehen und den Fuß zu reiben. Dann schüttelte er dazu noch den Schuh aus, um ihn zu leeren, bevor er ihn wieder anzog. Als wir eines Tages auf Tournee in Boston waren, ging ich an seiner Garderobe vorbei. Die Tür war einen Spalt offen. Er rüstete sich für seinen Auftritt, aber ich merkte, daß er mir auflauerte. Er winkte mir erregt. Ich ging in seine Garderobe, er schloß die Tür und bat mich, Platz zu nehmen. »Ich möchte heute abend etwas ausprobieren«, sagte er. »Aber nur, wenn Sie einverstanden sind. Ich habe heute nachmittag einen Spaziergang in den Boston Commons gemacht und dies gefunden.« Er streckte die Hand aus. Auf der Fläche lagen zwei kleine Steinchen. »Die Szene, wo ich den Schuh ausschüttle«, fuhr er fort, »hat mir immer Sorgen gemacht, weil nichts rausfällt. Deshalb habe ich gedacht, ich will versuchen, Steinchen reinzutun. Wenn ich dann schüttele, sieht man sie fallen - und hört das Geräusch. Was meinen Sie?« Ich sagte, das sei eine hervorragende Idee, und sein Gesicht erhellte sich. Er sah freudig auf die zwei Steinchen, dann wieder auf mich, und plötzlich änderte sich seine Miene. »Sie meinen nicht, es wäre besser mit einem?«

Die schwerste Aufgabe für einen Schauspieler ist die, ehrlich zu sein und doch Abstand zu wahren – es wird einem Schauspieler eingetrommelt, daß Ehrlichkeit alles ist, was er braucht. Mit seinen moralischen Anklängen hat das Wort große Verwirrung gestiftet. In gewisser Weise ist die stärkste Eigenschaft der Brecht-Schauspieler ihr Grad der *Unehrlichkeit*. Nur wenn er über der Sache steht, wird der Schauspieler seine eigenen Klischees erkennen. In dem Wort Ehrlichkeit liegt eine gefährliche Falle. Zuerst erkennt ein junger Schauspieler, daß sein Beruf so anspruchsvoll ist, daß er gewisse Fertigkeiten verlangt. Er muß sich zum Beispiel zu Gehör bringen, sein Körper muß seinen Wünschen gehorchen, er muß Herr seines Zeitgefühls sein und nicht ein Sklave zufälliger Rhythmen. Er sucht daher nach einer Technik und erwirbt sich bald eine Kenntnis. Leicht kann diese Kenntnis zum Selbststolz und Selbstzweck werden. Sie wird zur Fertigkeit, die kein anderes Ziel kennt, als die Fachbeherrschung zur Schau zu stellen – mit anderen Worten, die Kunst wird unehrlich. Der junge Schauspieler beobachtet die Unehrlichkeit der Alten und ist entsetzt. Er sucht nach Ehrlichkeit. Ehrlichkeit ist ein befrachtetes Wort: wie Reinlichkeit trägt sie Kindheitsassoziationen des Gutseins, Wahrheitsagens und des Anstands. Sie scheint ein gutes Ideal, ein besseres Ziel als das Sammeln von immer mehr Technik, und da Ehrlichkeit ein Gefühl ist, kann man immer sagen, wann man ehrlich ist. Hier ist also ein Pfad, dem man nachgehen kann, man kann den Weg der Ehrlichkeit finden, wenn man aus dem Gefühl ›gibt‹, durch Hingabe, durch Aufrichtigkeit, indem man mit der Maxime »alle Griffe sind erlaubt« an die Sache herantritt oder sich, wie die Franzosen sagen, »ins Bad stürzt«. Leider kann das Resultat die schlimmste Art von Schauspielerei sein. So sehr man sich auch in den Schöpferakt versenkt, kann man bei jeder anderen Kunst stets zurücktreten und sich das Ergebnis ansehen. Wenn der Maler von seiner Leinwand zurücktritt, können sich andere Fähigkeiten melden und ihn sofort vor seinen Ausschweifungen warnen. Der Kopf des geübten Pianisten ist physisch weniger beansprucht als seine Finger, und daher hat sein Ohr ein eigenes Maß von Abstand und objektiver Kontrolle, so sehr er auch von seiner Musik ›mitgerissen‹ sein mag. Das Schauspielen ist in vieler Hinsicht einzigartig in seinen Schwierigkeiten, weil der Künstler das trügerische, wechselhafte und geheimnisvolle Material seines Ohrs als Medium benutzen muß. Er ist aufgerufen, vollkommen beteiligt und doch distanziert zu sein - nicht Teil und doch nicht unbeteiligt. Er muß ehrlich sein, er muß unwahrhaftig sein: er muß üben, wahrhaftig unwahrhaftig zu sein und wahrhaftig zu lügen. Das ist beinahe unmöglich, aber es ist unerläßlich und wird doch leicht übersehen. Allzuoft errichten Schauspieler - und das ist nicht ihr Fehler, sondern der der tödlichen Schulen, mit denen die Welt übersät ist - ihre Arbeit auf wertlosen Resten einer Doktrin. Das große System Stanislawskijs, das zum erstenmal die gesamte Schauspielerkunst vom Standpunkt der Wissenschaft und des Wissens erklärt hat, hat jungen Schauspielern soviel geschadet wie genützt, da sie ihn im Detail falsch gelesen und nur einen gründlichen Haß gegen die Schluderei entwickelt haben. Nach Stanislawskij haben Artauds ebenso bedeutende Schriften - halb gelesen und zu einem Zehntel verdaut – zu dem naiven Glauben geführt, daß ein gefühlsmäßiges Engagement und eine bereitwillige Selbstentblößung das einzige sind, worauf es wirklich ankommt. Das wird nun von schlecht verdauten und mißverstandenen Stücken Grotowskis weiter genährt. Es gibt jetzt eine neue Form des »wahrhaftigen« Spielens, die darin besteht, daß man alles durch den Körper erlebt. Es ist eine Art Naturalismus. Beim Naturalismus versucht der Schauspieler wahrhaftig, die Emotionen und Aktionen der Alltagswelt zu imitieren und seine Rolle zu leben. In diesem anderen Naturalismus aber gibt der Schauspieler sich ebenso vollkommen der Aufgabe hin, sein unrealistisches Verhalten durch und durch auszuleben, und damit macht er sich etwas vor. Nur weil der Typ des Theaters, mit dem er verbunden ist, fern vom altmodischen Naturalismus zu stehen scheint, glaubt er, auch dem verachteten Stil fernzustehen. Er nähert sich tatsächlich der Landschaft seiner eigenen Emotionen mit demselben Glauben, daß jedes Detail fotografisch reproduziert werden müsse. So ist er immer auf der Höhe der Flut. Das Resultat ist oft weich, wabblig, überdreht und unglaubwürdig.

Es gibt besonders in den Vereinigten Staaten an Genet und Artaud gepäppelte Schauspieler, die alle Formen des Naturalismus verabscheuen. Sie wären sehr empört, wenn man sie naturalistische Schauspieler nennte, aber genau das ist es, was ihre Kunst einschränkt. Daß man jede Fiber der Person in eine Aktion einbringt, mag als eine Form des totalen Einsatzes gelten, aber die wahre künstlerische Forderung mag mehr verlangen als nur totalen Einsatz und braucht weniger Manifestationen oder ganz andere. Um das zu verstehen, muß man wissen, daß neben dem Gefühl stets einer besonderen Intelligenz eine Rolle vorbehalten ist, die am Anfang noch nicht erscheint, aber als auswählendes Instrument entwickelt werden muß. Dort besonders ergibt sich die Notwendigkeit für Entpersönlichung, und insbesondere ergibt sich die Notwendigkeit für gewisse Formen: Dies alles ist schwer zu definieren, darf aber unmöglich übersehen werden. Schauspieler können zum Beispiel vortäuschen, daß sie mit völliger Hingabe und echter Leidenschaft kämpfen. Jeder Schauspieler ist für Todesszenen gerüstet - und er überläßt sich ihnen mit solcher Hingabe, daß er nicht merkt, daß er nichts vom Tode weiß.

In Frankreich kommt ein Schauspieler zum Vorsprechen, bittet, daß man ihm die wildeste Szene des Stückes zeigt und stürzt sich ohne Verlegenheit hinein, um sein Können zu demonstrieren. Der französische Schauspieler, der eine klassische Rolle spielt, pumpt sich in der Kulisse auf und stürzt sich dann in die Szene. Er beurteilt den Erfolg oder Mißerfolg des Abends nach der Heftigkeit, mit der er sich seinen Gefühlen ergeben kann, ob seine innere Spannung die höchste Stufe erreicht, und daher stammt sein Glaube an die Muse, die Inspiration und so weiter. Die Schwäche seiner Arbeit ist die, daß er auf diese Weise dahin gelangt, Verallgemeinerungen zu spielen. Damit meine ich, daß er in einer zornigen Szene sich zu seiner Zornesnote steigert - oder er schiebt den Stecker in den Zornesschalter, und der Strom bringt ihn durch die Szene. Das mag ihm in der Tat eine gewisse Kraft geben, selbst zuweilen eine gewisse hypnotische Macht über das Publikum, und diese Macht wird irrtümlich für ›lyrisch‹ oder ›transzendental‹ gehalten. Tatsächlich wird aber solch ein Schauspieler in seiner Leidenschaft deren Sklave und ist unfähig, sich aus dieser Leidenschaft zu entlassen, wenn eine andere Nuance des Textes etwas Neues erfordert. In einer Rede, die sowohl natürliche wie lyrische Elemente enthält, rezitiert er alles, als wären alle Worte gleich bedeutungsschwer. Es ist diese Grobschlächtigkeit, die die Schauspieler dumm und das pathetische Spiel unecht erscheinen läßt.

Jean Genet will, daß das Theater aus dem Banalen herauskommt, und er hat eine Anzahl von Briefen an Roger Blin geschrieben, als dieser *Die Wände* inszenierte, in denen er Blin bat, die Schauspieler zum ›Lyrismus‹ zu führen. Das klingt in der Theorie recht gut, aber was ist Lyrismus? Was ist ein »außergewöhnliches« Spiel? Erfordert es eine besondere Stimme, eine pathetische Manier? Alte klassische Schauspieler scheinen ihre Sprüche zu singen, ist das das Überbleibsel einer gültigen alten Tradition? An welchem Punkt bedeutet das Suchen nach Form die Hinnahme der Künstlichkeit? Das ist eins der größten Probleme, denen wir uns heute gegenübersehen, und solange wir noch den heimlichen Glauben nähren, daß groteske Masken, knallige Schminke, hieratische Kostüme, Deklamation, ballettöse Bewegungen in irgendeiner Art eigenständig ›ritualistisch‹ sind und demnach auch lyrisch und profund, werden wir niemals aus der traditionellen Kunsttheatermasche herausfinden.

Zumindest kann man sehen, daß alles eine Sprache für etwas und nichts eine Sprache für alles ist. Jede Aktion geschieht aus eigener Berechtigung und jede ist zugleich eine Analogie von etwas anderem. Ich zerknittere ein Stück Papier: diese Geste ist in sich vollendet; ich kann auf der Bühne stehen, und was ich tue, braucht nicht mehr zu sein, als was es im Augenblick des Geschehens zu sein scheint. Es kann auch eine Metapher sein. Jeder, der Patrick Magee in Pinters *Geburtstagsfeier* Zeitungsstreifen genau wie im Leben und doch ganz ritualistisch zerreißen sah, wird wissen, was das bedeutet. Eine Metapher ist ein Zeichen und eine Illustration - demnach ist es ein Sprachfragment. Jeder Redeton, jedes rhythmische Muster ist ein Sprachfragment und entspricht einer anderen Erfahrung. Oft ist nichts so tödlich wie ein gut geschulter Schauspieler, der Verse spricht. Es gibt selbstverständlich akademische Gesetze der Prosodie, die dazu beitragen können, für einen Schauspieler auf einer gewissen Stufe seiner Entwicklung manches zu klären, aber er muß schließlich entdecken, daß die Rhythmen für jede Bühnenfigur so charakteristisch sind wie Daumenabdrücke: dann muß er lernen, daß jede Note der musikalischen Tonleiter irgendwie entspricht - aber wem? Auch das muß er finden.

Musik ist eine Sprache, die wir schon besprochen haben, durch die ein Nichts plötzlich da ist, und zwar in einer Form, die nicht gesehen, aber bestimmt doch wahrgenommen werden kann. Deklamation ist nicht Musik, und doch entspricht sie etwas, das von der Alltagssprache abweicht. Ebenso der *Sprechgesang:* Carl Orff hat die griechische Tragödie auf eine gehobene Ebene der rhythmischen Rede angesetzt, die durch Schlagzeuge gestützt und akzentuiert wird, und das Ergebnis ist nicht nur verblüffend, sondern auch wesentlich anders als die gesprochene oder gesungene Tragödie: es spricht von etwas anderem. Wir können weder die Struktur noch den Klang von Lears »Nie, nie, nie, nie, nie« von ihrem komplexen Sinn lösen, und wir können nicht Lears »Scheusal

Undankbarkeit« isolieren, ohne zu bemerken, daß die Kürze der Verszeile die Silben ungemein dick betont. Die Bewegung wird über die Worte »Scheusal Undankbarkeit« hinausgetragen. Das Sprachgewebe erstreckt sich bis zu den Erfahrungen, die Beethoven in Klangmustern nachgeahmt hat – und doch ist es nicht Musik, denn es kann von seinem Sinngehalt nicht abstrahiert werden.

Bei einer Übung, die wir einmal entwickelt haben, nahmen wir uns auch eine Szene von Shakespeare vor, wie etwa Romeos Abschied von Julia, und versuchten (selbstredend künstlich), die verschiedenen ineinandergewobenen Stile zu entwirren. Die Szene lautet:

Julia: Willst du schon gehn? Der Tag ist ja noch fern.
Es war die Nachtigall und nicht die Lerche,
Die eben jetzt dein banges Ohr durchdrang.
Sie singt des Nachts auf dem Granatbaum dort.
Glaub, Lieber, mir, es war die Nachtigall.

Romeo: Die Lerche war's, die Tagverkünderin,
Nicht Philomele; sieh den neid'schen Streif,
Der dort im Ost der Frühe Wolken säumt.
Die Nacht hat ihre Kerzen ausgebrannt.
Der muntre Tag erklimmt die dunst'gen Höhn;
Nur Eile rettet mich, Verzug ist Tod.

Julia: Trau mir, das Licht ist nicht des Tages Licht;
Die Sonne hauchte dieses Luftbild aus,
Dein Fackelträger diese Nacht zu sein,
Dir auf dem Weg nach Mantua zu leuchten;
Drum bleibe noch; zu gehn ist noch nicht not.

Romeo: Laß sie mich greifen, ja, laß sie mich töten:
Ich gebe gern mich drein, wenn du es willst.
Nein, jenes Grau ist nicht des Morgens Auge,

Der bleiche Abglanz nur von Cynthias Stirn.
Das ist auch nicht die Lerche, deren Schlag
Hoch über uns des Himmels Wölbung trifft.
Ich bleibe gern; zum Gehn bin ich verdrossen.
Willkommen, Tod! hat Julia dich beschlossen.
Nun, Herz? Noch tagt es nicht, noch plaudern
wir.

Die Schauspieler wurden dann gebeten, nur jene Worte
auszusuchen, die sie in einer realistischen Situation spielen oder in einem Film unbefangen benutzen konnten.
Das brachte:

Julia: Willst du schon gehn? Der Tag ist ja noch fern.
Es war die Nachtigall (Pause) nicht die Lerche.
(Pause)
Romeo: Es war die Lerche (Pause) keine Nachtigall.
Sieh. (Pause)
Nur Eile rettet mich, Verzug ist Tod.
Julia: Das Licht ist nicht des Tages Licht (Pause)
Drum bleibe noch; zu gehn ist noch nicht not.
Romeo: Laß sie mich greifen, ja, laß sie mich töten,
Ich gebe gern mich drein, wenn du es willst.
(Pause)
Willkommen, Tod! hat Julia dich beschlossen.
Nun, Herz? Noch tagt es nicht, noch plaudern
wir.

Dann spielten die Schauspieler dies als eine echte Szene
aus einem modernen Stück voller lebendiger Pausen - sie
sprachen die ausgesuchten Worte laut, aber wiederholten die ausgelassenen Worte stumm für sich, um un-

gleiche Schweigelängen zu finden. Das Szenenfragment, das sich ergab, hätte gutes Kino ergeben, denn die Dialogaugenblicke, die durch einen Rhythmus von Schweigen ungleicher Dauer verbunden waren, würden in einem Film durch Nahaufnahmen und andere stumme, miteinander verwandte Bilder überbrückt werden.

Nachdem diese grobe Trennung einmal gemacht war, konnte man nun das Umgekehrte tun: die ausgelassenen Stellen spielen, wobei man sich völlig bewußt war, daß sie mit der normalen Rede nichts zu tun hatten. Dann war es auch möglich, sie auf die verschiedensten Weisen zu erproben - indem man sie in Klang oder Bewegung verwandelte -, bis der Schauspieler immer deutlicher erkannte, daß eine einzige Zeile gewisse Zapfen der natürlichen Rede enthalten kann, um die sich unausgesprochene Gedanken und Gefühle ranken, die durch Worte von einer anderen Kategorie ausgedrückt werden. Dieser Stilwechsel vom anscheinend Umgangssprachlichen zum offensichtlich Stilisierten ist so unmerklich, daß er dem groben Blick nicht wahrnehmbar ist. Wenn der Schauspieler sich bei einer Rede der Form vergewissern will, dann darf er nicht zu schnell entscheiden, was musikalisch und was rhythmisch ist. Es genügt für einen Schauspieler, der Lear im Sturm spielt, nicht, sich im Galopp auf die Reden zu stürzen und sie für herrliche Quadern der Sturmmusik zu halten. Auch hat es keinen Zweck, sie ruhig und sinngemäß zu sprechen, mit der Begründung, daß sie ja tatsächlich nur in seinem Hirn stattfinden. Eine Versstelle kann mehr wie eine Formel verstanden werden, die viele Eigenschaften beinhaltet. In den Sturmreden haben die explosiven Konsonanten die Funktion, durch Nachahmung das explosive Getöse von Donner,

Wind und Regen anzudeuten. Aber die Konsonanten sind nicht alles: in diesen knisternden Buchstaben ringelt sich ein Sinn, der in stetem Wechsel begriffen ist, ein Sinn, der durch den Träger des Sinnes, durch Bilder getragen ist. Daher ist »ihr Katarakt' und Wolkenbrüche speit« eine Sache, und »vernicht' auf eins / den Schöpfungskeim des undankbaren Menschen« durchaus etwas anderes. Bei einem so kompakten Stil braucht man höchste Kunst: Jeder laute Schauspieler kann beide Zeilen mit demselben Stimmaufwand brüllen, aber der Künstler muß uns nicht nur mit der absoluten Klarheit eines Bildes in der Weise von Hieronymus Bosch-Max Ernst begegnen - etwa in der zweiten Zeile über die Himmel, die Samen vergießen -, sondern dies auch im Zusammenhang mit Lears eigener Raserei bringen. Er wird wieder feststellen, daß der Vers diesem »Schöpfungskeim des undankbaren Menschen« großes Gewicht verleiht, und das wird ihn als eine sehr präzise Bühnenanweisung Shakespeares selbst erreichen, und er wird die rhythmische Struktur erfühlen und ertasten, die diesen vier Worten Kraft und Gewicht einer längeren Zeile verleiht und dadurch auf die Totale eines Mannes im Sturm die ungeheuerliche Nahaufnahme seines absoluten Glaubens an die menschliche Undankbarkeit auferlegen. Im Gegensatz zu einer Nahaufnahme im Kino befreit uns diese Art Nahaufnahme, die Nahaufnahme einer Idee, von einer ausschließlichen Beschäftigung mit dem Mann selbst. Unsere komplexen Fähigkeiten engagieren sich stärker, und in unseren Gedanken überlagern wir zugleich Lear und die Welt - seine Welt, unsere Welt - mit dem undankbaren Menschen.

Das ist jedoch der Punkt, wo wir am leichtesten den

Kontakt mit dem gesunden Menschenverstand verlieren und das echte Kunstwerk gestelzt oder bombastisch wird. »Trink 'nen Whiskey« - Der Inhalt dieses Satzes läßt sich offenbar viel besser im Unterhaltungston aussprechen als im Lied. »Trink 'nen Whiskey« - wir würden uns darüber einig sein, daß dieser Satz nur eine Dimension, ein Gewicht, eine Funktion hat. Trotzdem sind in *Madame Butterfly* diese Worte gesungen, und indirekt hat Puccini mit dieser einfachen Phrase die gesamte Form der Oper lächerlich gemacht. »Essen, he!« in Lears Szene mit den Rittern ähnelt »Trink 'nen Whiskey«. Die Darsteller Lears deklamieren oft diesen Satz und bringen in das Stück Künstlichkeiten hinein, denn wenn Lear diese Worte sagt, spielt er nicht in einer poetischen Tragödie, sondern ist lediglich ein Mann, der nach dem Essen ruft. »Undankbarer Mensch« und »Essen, he!« sind beides Zeilen von Shakespeare in einer Verstragödie, aber sie gehören wahrhaftig zwei verschiedenen Welten des Spiels an.

Bei der Probe müssen Form und Gestalt manchmal zusammen und manchmal getrennt untersucht werden. Manchmal kann uns eine Untersuchung der Form plötzlich den Sinn erschließen, der die Form diktiert hat, und manchmal vermittelt uns eine eingehende Prüfung des Inhalts einen neuen Rhythmusklang. Der Regisseur muß darauf achten, wo der Schauspieler seine richtigen Impulse durcheinanderbringt - und hier muß er dem Schauspieler helfen, die eigenen Hemmungen zu erkennen und zu überwinden. All dies ist ein Dialog und ein Tanz zwischen dem Regisseur und dem Schauspieler. Ein Tanz ist eine genaue Metapher, ein Walzer zwischen Regisseur, Schauspieler und Text. Progression ist kreisförmig, und bei der Entscheidung, wer dabei führt, kommt es auf den Standpunkt an. Der Regisseur wird finden, daß immerzu neue Mittel vonnöten sind: er wird entdecken, daß jede Probentechnik ihren Nutzen hat, aber keine Technik alles leisten kann. Er wird dem natürlichen Prinzip des Fruchtwechsels folgen; er wird begreifen, daß Erklärung, Logik, Improvisation, Inspiration Methoden sind, die sich schnell erschöpfen, und er wird von der einen zu der anderen wechseln. Er wird wissen, daß Gedanke, Empfindung und Körper sich nicht trennen lassen - aber er wird auch begreifen, daß eine vorgeschützte Trennung oft bewirkt werden muß. Manche Schauspieler sprechen auf Erläuterungen nicht an, andere wohl. Das verschiebt sich in jeder Situation, und eines Tages ist er unerwarteterweise der nicht-intellektuelle Schauspieler, der auf ein Wort vom Regisseur reagiert, während der intellektuelle alles aus der Geste versteht.

Bei frühen Proben können Improvisation, Austausch von Assoziationen und Erinnerungen, das Lesen von geschriebenem Material, das Lesen von Dokumenten aus der Zeit, das Ansehen von Filmen und Gemälden alle dazu dienen, das Material, das für das Thema eines Stückes relevant ist, in jedem Individuum zu wecken. Keine dieser Methoden bedeutet in sich selbst sehr viel - jede ist ein Stimulans. Als im *Marat/Sade* kinetische Bilder des Wahnsinns auftauchten und den Schauspieler ergriffen, und als er sich ihnen bei der Improvisation überließ, sahen die anderen zu und kritisierten. So wurde allmählich eine richtige Form aus den eingefahrenen Klischees herausgelöst, die zum Schauspielergepäck für Tollhausszenen gehören. Als er dann eine Nachahmung des

Wahnsinns vorführte, die seine Kollegen durch ihre scheinbare Realität überzeugte, stieß er auf ein neues Problem. Er mochte ein Bild aus seiner Beobachtung benutzt haben, aus dem Leben, aber das Stück handelt vom Wahnsinn des Jahres 1808 - vor dem Gebrauch von Drogen, vor der Behandlung, als eine andere soziale Einstellung zum Wahnsinnigen ein anderes Verhalten diktierte, und so weiter. Dafür hatte der Schauspieler kein äußeres Modell - er sah sich Gesichter von Goya an, nicht als zu imitierende Modelle, sondern als Stachel, um sein Vertrauen zu wecken, den stärkeren und mehr beunruhigenden Impulsen nachzugeben. Er mußte sich erlauben, diesen Stimmen vollständig zu folgen; dadurch, daß er sich von äußeren Modellen löste, nahm er ein größeres Risiko auf sich. Er mußte einen Akt der Besitzergreifung kultivieren. Dabei stieß er auf eine neue Schwierigkeit: seine Verantwortung dem Stück gegenüber. Alles Schütteln, Schnattern und Brüllen, alle Wahrhaftigkeit der Welt bringt das Stück noch nicht voran. Er muß Texte sprechen - wenn er eine Person erfindet, die des Sprechens nicht mächtig ist, dann versieht er seine Rolle schlecht. Also muß sich der Schauspieler zwei entgegengesetzten Forderungen stellen. Die Versuchung ist der Kompromiß - die Impulse der Rolle so herabzumindern, daß sie den Bühnenanforderungen entsprechen. Aber seine eigentliche Aufgabe liegt gerade in der entgegengesetzten Richtung: Die Rolle noch lebhafter und funktionell zu gestalten. Wie? Dazu ist dann freilich Intelligenz vonnöten.

Es gibt einen Raum für Diskussion, für Forschung, für das Geschichts- und Dokumentenstudium, wie es auch einen Platz fürs Brüllen, Heulen und Sich-auf-dem-Bo-

den-Wälzen gibt. Ebenso gibt es einen Platz für Entspannung, Formlosigkeit, Kumpanei, aber zugleich muß
auch eine Zeit für Schweigen und Disziplin und äußerste
Konzentration gegeben sein. Vor seiner ersten Probe
mit unseren Schauspielern bat Grotowski, daß der Fuß-
boden gefegt und alle Kleider und persönlichen Habse-
ligkeiten aus dem Raum entfernt würden. Dann setzte
er sich hinter einen Schreibtisch und sprach aus der Distanz die Schauspieler an, wobei er weder Rauchen noch
Sprechen erlaubte. Dieses gespannte Klima machte gewisse Erlebnisse möglich. Wenn man Stanislawskijs Bücher liest, merkt man, daß von dem Gesagten manches
nichts anderes bezweckt, als den Schauspieler zum Ernst
anzuhalten, und zwar zu einer Zeit, als die meisten
Theater verschlampt waren. Und doch ist zuweilen
nichts befreiender als Formlosigkeit und das Abtun alles
heiligen und hochgesinnten Verhaltens. Manchmal muß
die ganze Aufmerksamkeit auf einen Schauspieler gerichtet sein; zu anderen Zeiten gebietet der Kollektiv-
prozeß der Arbeit des Individuums Einhalt. Nicht jede
Einzelheit kann erprobt werden. Wollte man jede Möglichkeit mit einem jeden durchdiskutieren, dann könnte
das zu viel Zeit in Anspruch nehmen und dem Ganzen
schaden. Hier muß der Regisseur seinen Zeitsinn be-
währen; er muß den Rhythmus des Ablaufs fühlen und
seine Einteilung beachten. Für alles muß der rechte Augenblick gegeben sein: die großen Linien eines Stückes
zu besprechen oder sie zu vergessen und zu entdecken,
was nur durch Freude, Überschwang und Unver-
antwortlichkeit gefunden werden kann. Es gibt auch
den Augenblick, wo sich niemand über das Ergebnis seiner Mühen Sorgen machen soll. Ich lasse andere bei den

Proben höchst ungern zusehen, weil ich glaube, daß die Arbeit privilegiert und daher privat ist: man darf sich nicht darüber grämen, wenn man töricht ist oder Fehler macht. Zudem ist eine Probe vielleicht auch unverständlich - manchmal läßt man Exzesse durchgehen oder ermutigt sie noch, zur Verwunderung und sogar zum Unmut der Truppe, bis die Zeit reif ist, Einhalt zu gebieten. Aber selbst bei der Probe gibt es einen Zeitpunkt, wo man Außenstehende als Zuschauer braucht, wo die scheinbar immer feindlichen Gesichter eine gute neue Spannung und die Spannung eine neue Konzentration schaffen können: die Arbeit muß zu jeder Zeit neue Forderungen aufstellen. Dann gibt es einen weiteren Punkt, den der Regisseur aufspüren muß. Er muß den Augenblick spüren, da eine Gruppe von Schauspielern, von ihrem eigenen Talent und der aufregenden Arbeit berauscht, das Stück aus den Augen verliert. Plötzlich eines Morgens muß die Arbeit umschlagen: das Ergebnis tritt an die erste Stelle. Dann werden Scherze und Ausschmückungen unbarmherzig entfernt, und die gesamte Aufmerksamkeit wird auf die Funktion des Abends gelenkt, auf das Erzählen, das Darstellen, die Technik, die Hörbarkeit, den Kontakt mit dem Publikum. Es ist daher töricht, wenn sich der Regisseur einer doktrinären Ansicht verschreibt; entweder daß er sich der technischen Sprache über Tempo, Tonstärke usw. bedient, oder daß er dies vermeidet, weil es unkünstlerisch ist. Es ist erschreckend leicht für einen Regisseur, in einer Methode steckenzubleiben. Dann kommt ein Augenblick, in dem die Rede über Tempo, Präzision, Diktion allein wichtig ist. »Schneller«, »ein bißchen mehr voran«, »es ist langweilig«, »Tempo wechseln«, »zum Donnerwetter«, ist dann die Sprache, aber noch vor einer Woche hätte dieser herkömmliche Bühnenjargon jeglichen schöpferischen Funken ausgelöscht.

Je näher der Schauspieler der Aufführung kommt, desto mehr Anforderungen muß er auseinanderhalten, verstehen und gleichzeitig auch erfüllen. Er muß einen unbewußten Zustand schaffen, dessen er vollständig Herr ist. Das Resultat ist ein Ganzes, Unteilbares - aber das Gefühl ist ständig von einer intuitiven Intelligenz erhellt, so daß der Zuschauer, obwohl er umworben, angegriffen, entfremdet und zur Neueinschätzung gezwungen wird, schließlich etwas ähnlich Unteilbares erlebt. Katharsis kann nie lediglich eine Reinigung der Gefühle, sie muß ein Appell an den ganzen Menschen gewesen sein.

Nun wird der Augenblick der Aufführung, wenn er da ist, durch zwei Tore erreicht - das Foyer und den Bühneneingang. Sind diese, symbolisch gesehen, Verbindungsglieder, oder muß man sie als Symbole der Trennung auffassen? Wenn die Bühne mit dem Leben verwandt ist, wenn der Zuschauerraum mit dem Leben verwandt ist, dann müssen die Eingänge frei sein, und offene Eingänge müssen einen leichten Übergang vom Leben draußen zum Begegnungsort gestatten. Wenn das Theater jedoch seinem Wesen nach künstlich ist, dann erinnert der Bühneneingang den Schauspieler, daß er jetzt einen besonderen Ort betritt, der Kostüme, Schminke, Maske und die Änderung der Identität verlangt - und auch die Zuschauer machen sich fein, um aus der Welt des Alltags über einen roten Teppich an einen privilegierten Ort zu gelangen. Beide Theorien sind wahr, und beide müssen sorgfältig verglichen werden, weil sie beide ganz verschiedene Möglichkeiten enthalten und sich auf sehr verschiedene soziale Gegebenheiten beziehen. Das einzige, was alle Theaterformen gemeinsam haben, ist der Bedarf nach einem Publikum. Das ist mehr als eine Binsenwahrheit: im Theater vervollständigt das Publikum die Stufen der Schöpfung. Bei den anderen Künsten kann der Künstler die Idee zum Grundsatz erheben, daß er für sich arbeitet. Wie groß auch seine soziale Verantwortung sein mag, er wird sagen, daß sein eigener Instinkt sein bester Leiter ist - und wenn er allein mit seinem vollendeten Werk zufrieden ist, dann ist es wahrscheinlich, daß andere Leute auch zufrieden sein werden. Im Theater ist dies dadurch modifiziert, daß der letzte einsame Blick auf den vollendeten Gegenstand nicht möglich ist - solange das Publikum nicht anwesend ist, ist die Arbeit nicht vollendet. Kein Autor, kein Regisseur, nicht einmal ein größenwahnsinniger Schauspieler würde gern für sich allein, für den Spiegel spielen. Wenn also der Autor oder der Regisseur nach ihrem eigenen Geschmack und Urteil arbeiten wollen, müssen sie annähernd für sich bei den Proben arbeiten und erst wahrhaft für sich, wenn sie von einem dichten Publikumshaufen umgeben sind. Ich glaube, jeder Regisseur wird zustimmen, daß seine eigene Ansicht von seiner Arbeit sich vollkommen wandelt, wenn er inmitten von Leuten sitzt.

Wenn man die erste öffentliche Aufführung eines von einem selbst geleiteten Stückes sieht, ist das ein seltsames Erlebnis. Noch einen Tag vorher hat man bei einem Durchlauf gesessen und war völlig davon überzeugt, daß ein bestimmter Schauspieler gut gespielt hat, daß eine gewisse Szene interessant, eine Bewegung anmutig, eine

Stelle voller klarer und notwendiger Bedeutung war. Jetzt, von Zuschauern umgeben, reagiert man zum Teil genau wie die Zuschauer, man ist also selbst einer, der sagt: »Ich finde es langweilig«. - »Das hat er schon mal gesagt«. - »Wenn er sich noch einmal so affektiert bewegt, dann schnappe ich über«, und sogar »Ich verstehe nicht, was sie sagen wollen.« Abgesehen von der übersteigerten Sensibilität, die von den Nerven herrührt, was geschieht da eigentlich, um die Ansicht des Regisseurs von seiner Arbeit so seltsam umzustimmen? Ich glaube, es ist vor allem eine Frage der Reihenfolge, in der die Ereignisse jetzt ablaufen. Ich möchte das mit einem einzigen Beispiel belegen. In der ersten Szene eines Stückes trifft ein Mädchen ihren Liebhaber. Sie hat das mit großer Zartheit und Wahrhaftigkeit geprobt und versieht einen einfachen Gruß mit einer Intimität, die bei der Probe jeden gerührt hat. Vor einem Publikum wird es plötzlich offenbar, daß die vorangehenden Sätze und Handlungen das überhaupt nicht vorbereitet haben: ja, die Zuschauer sind vielleicht damit beschäftigt, ganz anderen Pfaden zu folgen, die sich auf andere Personen und Themen beziehen - und sehen sich auf einmal einer jungen Schauspielerin gegenüber, die leise einem jungen Mann etwas zuraunt. In einer späteren Szene könnte die Reihenfolge der Ereignisse eine Stille hervorrufen, für die dieses Raunen genau richtig wäre - hier erscheint es halbherzig, die Absicht ist nicht klar und sogar unverständlich.

Der Regisseur versucht, sich eine Sicht des Ganzen zu wahren, aber er probt in Bruchstücken, und selbst wenn er einen Durchlauf sieht, kennt er unvermeidlich alle Absichten des Stückes vorher. Wenn das Publikum da ist und ihn zwingt, als Publikum zu reagieren, dann verschwindet dieses Vorwissen, und er empfängt zum erstenmal die Eindrücke des Stückes in ihrer richtigen Zeitfolge, einen nach dem anderen. Es ist nicht überraschend, daß ihm alles anders vorkommt.

Aus diesem Grunde bemüht sich jeder Experimentator um alle Aspekte seiner Beziehung zum Publikum. Er versucht durch verschiedene Placierung der Zuschauer neue Möglichkeiten zu schaffen. Eine Plattformbühne, eine Arena, ein voll erleuchtetes Haus, eine überfüllte Scheune oder ein Zimmer - allein diese Umstände bedingen verschiedene Ereignisse. Aber der Unterschied ist vielleicht nur oberflächlich. Ein einschneidender Unterschied kann sich ergeben, wenn der Schauspieler mit einer sich ändernden inneren Beziehung zum Zuschauer spielen kann. Wenn der Schauspieler das Interesse des Zuschauers fesseln, dadurch seine Abwehr mindern und ihn dann in eine unerwartete Position oder in das Bewußtsein eines Zusammenpralls einander entgegengesetzter Überzeugungen oder absoluter Widersprüche hineinmanövrieren kann, dann werden die Zuschauer aktiver. Diese Aktivität erfordert keine Manifestationen - das Publikum, das widerspricht, mag aktiv erscheinen, aber das kann ganz oberflächlich sein -, wahre Aktivität mag unsichtbar, aber auch unteilbar sein.

Das eine, was das Theater von allen anderen Künsten unterscheidet, ist, daß es keine Permanenz hat. Hingegen ist es sehr leicht - beinahe schon durch die Macht der kritischen Gewohnheit -, auf dieses flüchtige Phänomen permanente Maßstäbe und allgemeine Regeln anzuwenden. Ich habe einmal in einer englischen Provinzstadt, Stoke-on-Trent, eine Aufführung von Shaws *Pygmalion* gesehen, die in einem Arenatheater gegeben wurde. Die

Kombination von lebendigen Schauspielern, einem lebendigen Gebäude und einem lebendigen Publikum brachte die brillantesten Seiten dieses Stückes heraus. Es ›ging‹ großartig. Die Zuschauer beteiligten sich von ganzem Herzen. Die Aufführung war triumphal ›vollendet‹.

Die Schauspieler waren alle zu jung für ihre Rollen: Man hatte ihnen wenig überzeugende Streifen ins Haar gemalt und sehr durchschaubare Masken gegeben. Wären sie durch Zauberei in diesem Augenblick zum West End von London verpflanzt worden und hätten sich in einem konventionellen Londoner Gebäude inmitten eines Londoner Publikums befunden, hätten sie nicht überzeugend gewirkt, und die Zuschauer hätten ihnen nichts geglaubt. Das bedeutet jedoch nicht, daß das Niveau in London besser oder höher ist als das in der Provinz. Es ist eher umgekehrt, weil es unwahrscheinlich ist, daß irgendwo in London an jenem Abend eine so hohe theatralische Temperatur geherrscht hat wie in Stoke. Aber der Vergleich läßt sich niemals anstellen. Das hypothetische ›Wenn‹ kann nie auf die Probe gestellt werden, wenn es nicht nur die Schauspieler oder der Text sind, sondern die Gesamtheit der Aufführung, die man zu beurteilen hat.

Im ›Theater der Grausamkeit‹ gehörte das Publikum zu unserem Studium, und unsere allererste öffentliche Inszenierung war eine interessante Erfahrung. Die Zuschauer, die gekommen waren, um einen ›experimentellen‹ Abend zu erleben, stellten sich mit der üblichen Mischung von Herablassung, Verspieltheit und sanfter Mißbilligung ein, die der Gedanke an die Avantgarde wachruft. Wir boten ihnen eine Anzahl von Fragmenten. Unsere eigene Absicht war eindeutig egoistisch - wir wollten ein paar von unseren Experimenten aufgeführt sehen. Wir gaben den Zuschauern kein Programm, keine Autorenliste, keine Listen der Namen, Stücke und keinen Kommentar oder Erläuterung unserer Absichten.

Das Programm begann mit Artauds Drei-Minuten-Stück *Der Blutstrahl,* das mehr Artaud war als Artaud selber, weil der Dialog völlig durch Schreie ersetzt war. Ein Teil der Zuschauer war sogleich fasziniert, ein anderer Teil kicherte. Wir meinten es ernst, aber als nächstes brachten wir ein kleines Zwischenspiel, das wir selbst für einen Scherz hielten. Jetzt waren die Zuschauer verwirrt: die Lacher wußten nicht, ob sie noch lachen durften. Die Ernsten, die das Gelächter ihrer Nachbarn nicht gebilligt hatten, wußten nicht mehr, wie sie sich jetzt verhalten sollten. Während die Aufführung ihren Fortgang nahm, wuchs die Spannung: Als Glenda Jackson, in einer Situation, die es erforderte, alle ihre Kleider ablegte, kam eine neue Spannung in den Abend, weil das Unerwartete jetzt vielleicht alle Grenzen sprengen würde. Wir konnten beobachten, daß ein Publikum überhaupt nicht gerüstet ist, von einer Sekunde zur anderen ein Urteil zu fällen. Bei der zweiten Aufführung war die Spannung nicht mehr die gleiche. Es gab keine Kritiken, und ich kann mir nicht vorstellen, daß viele Leute des zweiten Abends von Freunden informiert worden waren, die den ersten Abend erlebt hatten. Dennoch waren die Zuschauer weniger gespannt. Ich meine eher, daß andere Faktoren wirkten - sie *wußten,* daß wir schon einmal gespielt hatten, und die Tatsache, daß *nichts* in den Zeitungen stand, vermittelte in sich schon eine Beruhigung. Die letzten Greuel konnten sich nicht ereignet haben - wenn zum Beispiel einer der Zuschauer verletzt worden wäre oder wir das Gebäude angezündet hätten, dann hätte es auf der ersten Seite gestanden. Keine Nachricht war gute Nachricht. Als sich dann die Aufführungen mehrten, sprach es sich herum, daß improvisiert wurde, daß einige langweilige Sachen dabei waren, ein Brocken Genet, ein verhackstückter Shakespeare, einige laute Geräusche, und so kam ein ausgesuchtes Publikum, weil manche jetzt natürlich lieber zu Hause blieben, und allmählich filterten nur noch die Enthusiasten oder die entschlossenen Miesmacher hindurch. Wenn man einen richtigen kritischen Durchfall erlebt, dann ist für den Rest der Aufführungen immer eine kleine, aber sehr begeisterte Zuschauerschar anwesend - und am letzten Abend eines ›Durchfalls‹ gibt es immer Bravorufe. Alles hilft, um ein Publikum zu konditionieren. Wer trotz eines Verrisses ins Theater geht, tut das mit einem gewissen Wunsch, einer gewissen Erwartung: man ist gefaßt, wenn auch vielleicht nur aufs Schlimmste. Fast immer nehmen wir in einem Theater mit einer sorgfältigen Sammlung von Referenzen Platz, die uns konditionieren, bevor die Vorstellung beginnt. Wenn das Stück endet, sind wir dahingehend automatisiert, daß wir aufstehen und gleich fortgehen. Als wir am Ende von *US* den Zuschauern die Möglichkeit boten, zu schweigen oder still sitzenzubleiben, wenn sie das wollten, da war es interessant zu beobachten, wie dieses Angebot einige kränkte und andere freute. Es gibt tatsächlich keinen Grund, warum man aus dem Theater gescheucht werden sollte, sobald die Vorstellung zu Ende ist, und nach *US* saßen eine Menge Leute zehn Minuten oder länger still, bevor sie spontan miteinander zu sprechen begannen. Das kommt mir als natürlicheres und gesünderes Ende eines gemeinsamen Erlebnisses vor als das Fortstürzen - es sei denn, das Fortstürzen ist ein Akt der Entscheidung, nicht der gesellschaftlichen Gewöhnung.

Heutzutage scheint die Frage des Publikums die wichtigste und schwierigste von allen zu sein. Wir finden, daß die durchschnittliche Zuschauerschaft nicht sehr lebendig ist, gewiß nicht eben sehr loyal, und haben uns daher auf die Suche nach einem ›neuen‹ Publikum begeben. Das ist sicher verständlich - und doch auch ziemlich künstlich. Je jünger das Publikum, desto rascher und freier ist im ganzen gesehen die Reaktion. Es stimmt, daß das, was die jungen Leute vom Theater abschreckt, ohnehin das Schlechte am Theater ist, und wenn wir also unsere Form ändern, um die jungen Menschen zu locken, dann scheinen wir dadurch zwei Fliegen mit einer Klappe zu schlagen. Eine Beobachtung, die man leicht bei Fußballspielen und Hunderennen nachprüfen kann, ist die, daß ein Arbeiterpublikum viel lebhafter reagiert als ein mittelständisches. Also wäre es wohl sinnvoll, das volksnahe Publikum durch eine volksnahe Sprache zu locken.

Aber diese Logik bricht leicht zusammen. Das volkstümliche Publikum gibt es, und trotzdem ist es wie ein Irrwisch. Als Brecht noch lebte, gingen die Intellektuellen Berlins in sein Theater im Osten. Joan Littlewoods Mäzene kamen aus Londons West End, und sie hat in ihrem eigenen Stadtteil nie ein ausreichend großes Arbeiterpublikum gefunden, um sich durch harte Zeiten durchzuschlagen. Das Royal Shakespeare Theatre schickt Gruppen in Fabriken und Jugendklubs - angeregt durch kontinentale Beispiele -, um die Idee des Theaters an jene Gesellschaftsklassen zu verkaufen, die vielleicht niemals den Fuß in ein Theater gesetzt haben und vielleicht auch überzeugt sind, daß das Theater für sie nichts sei. Diese Kommandos beabsichtigen, Interesse zu erwecken, Schranken fortzuräumen, Freunde zu gewinnen. Das ist eine herrliche, anregende Arbeit. Aber dahinter lauert ein Problem, das vielleicht zu heiß ist, um angepackt zu werden - was verkaufen sie eigentlich? Wir geben einem Arbeiter zu verstehen, daß das Theater ein Teil der Kultur sei - das heißt des großen Warenkorbs, der jetzt für alle verfügbar ist. Hinter allen Versuchen, ein neues Publikum anzusprechen, steckt eine geheime Herablassung - ›du darfst auch zu unserer Party kommen‹ -, und wie jede Herablassung verbirgt sie eine Lüge. Die Lüge ist, daß die Gabe es wert ist, empfangen zu werden. Glauben wir tatsächlich an ihren Wert? Wenn Leute, die sich wegen ihres Alters oder ihrer Klasse vom Theater ferngehalten haben, dort hineingelockt werden, genügt es dann, ihnen das ›Beste‹ zu geben? Das Sowjettheater versucht, das Beste zu geben. Nationaltheater geben ihr Bestes. In der Metropolitan Opera in New York spielten die besten europäischen Sänger unter der Stabführung des besten Mozartdirigenten und organisiert vom besten Produzenten die *Zauberflöte*. Abgesehen von der Musik und der Schauspielkunst war bei einem noch nicht lange zurückliegenden Ereignis der Becher der Kultur wahrhaftig bis zum Rande gefüllt, weil gleichzeitig eine wunderbare Serie von Chagall-Gemälden Szene um Szene gezeigt wurde. Wenn man von Kulturhäufung spricht, dann hätte man damit das Äußerste erreicht - der junge Mann, der den Vorzug hat, sein Mädchen zur *Zauberflöte* mitzunehmen, erreicht damit den Gipfel dessen, was seine Stadtverwaltung im Sinne des kulturellen Lebens zu bieten hat. Die Eintrittskarte ist ›heiß‹ - aber was ist der Abend wert? In gewissem Sinne flirten alle Formen der Publikumslockung gefährlich mit demselben Mittel - kommt und nehmt teil am guten Leben, das gut ist, weil es gut sein muß, weil es das Beste enthält.

Das kann sich niemals richtig ändern, solange die Kultur oder irgendeine Kunst nur ein Anhängsel des Lebens ist, davon trennbar und, wenn getrennt, offenbar unnötig. Eine solche Kunst wird dann nur vom Künstler aufrechterhalten, für den sie aus Temperamentgründen notwendig ist, denn sie bedeutet sein Leben. Im Theater kehren wir stets zum selben Punkt zurück: es genügt nicht, daß Autoren und Schauspieler diese zwingende Notwendigkeit spüren, sondern das Publikum muß auch daran teilhaben. Also ist es in gewissem Sinne nicht nur eine Frage der Publikumslockung. Es ist die noch schwierigere Sache, Werke zu schaffen, die im Publikum einen unverkennbaren Hunger oder Durst hervorrufen.

Ein echtes Bild von dem notwendigen Theaterbesuch, das ich kenne, ist eine Psychodrama-Sitzung in einem Irrenhaus. Wir wollen uns einen Augenblick mal die Bedingungen vergegenwärtigen, die dort vorherrschen. Es ist eine kleine Gemeinschaft, die ein regelmäßiges, eintöniges Leben führt. An bestimmten Tagen gibt es für einige Insassen ein Ereignis, etwas Ausgefallenes, etwas, worauf man sich freut, eine dramatische Sitzung. Wenn sie ins Zimmer kommen, wo die Sitzung stattfindet, dann wissen sie, daß sich das Bevorstehende von den Geschehnissen in den einzelnen Abteilungen, dem Garten, dem Fernsehsaal unterscheidet. Sie sitzen alle im Kreise. Am Anfang sind sie oft argwöhnisch, feindselig, verschlossen. Der leitende Arzt ergreift die Initiative und bittet die Patienten, Themen vorzuschlagen. Vorschläge werden gemacht, besprochen, und allmählich ergeben sich Punkte, die mehr als einen Patienten interessieren, Punkte, die buchstäblich Kontaktpunkte werden. Das Gespräch entwickelt sich mühsam um diese Themen, und der Arzt will gleich dazu übergehen, sie zu dramatisieren. Im Kreis hat bald darauf jeder seine Rolle - aber das bedeutet nicht, daß jeder mitspielt. Einige treten natürlich als Protagonisten hervor, während andere lieber sitzen und zugucken und sich entweder mit den Protagonisten identifizieren oder unbeteiligt und kritisch ihre Handlungen verfolgen.

Ein Konflikt schält sich heraus: Das ist das wahre Drama, weil die Menschen aus dem Stegreif über richtige Probleme sprechen, die allen Anwesenden am Herzen liegen, und zwar in einer Weise, die diese Probleme wirklich lebendig werden läßt. Sie lachen vielleicht. Oder weinen vielleicht. Vielleicht reagieren sie auch gar nicht. Aber hinter allem, was vorgeht, steckt in diesen sogenannten Irren eine einfache, sehr gesunde Basis. Sie alle hegen denselben Wunsch, daß man ihnen hilft, sich von ihren Ängsten zu befreien, selbst wenn sie nicht wissen, was für eine Hilfe das sein oder welche Form sie annehmen könnte. An dieser Stelle möchte ich nur betonen, daß ich über den Wert dieses Psychodramas als Therapie keine Meinung habe. Vielleicht erzielt es überhaupt kein dauerndes medizinisches Resultat. Aber im unmittelbaren Geschehen steckt ein unverkennbares Resultat. Zwei Stunden nach Beginn jeder Sitzung sind die Beziehungen zwischen den anwesenden Menschen ein wenig verändert, und zwar auf Grund des gemeinsamen Erlebnisses, dem sie ausgesetzt waren. Infolgedessen ist manches lebhafter, manches fließt freier, zwischen vorher streng verkapselten Seelen werden ein paar embryonische Kontakte hergestellt. Wenn sie das Zimmer verlassen, sind sie nicht mehr ganz dieselben wie zur Zeit des Eintretens. Wenn das Geschehene schmerzhaft unbehaglich war, so sind sie doch ebenso gestärkt, als hätten sich große Lachstürme ereignet. Es handelt sich weder um Pessimismus noch um Optimismus; nur sind einige der Teilnehmer zeitweilig ein wenig lebendiger. Wenn sich das alles verflüchtigt, sobald sie durch die Tür gehen, dann schadet das auch nichts. Nachdem sie die Kostprobe genossen haben, werden sie wiederkommen. Die dramatische Sitzung wird ihnen wie eine Oase in ihrem Leben erscheinen.

So verstehe ich ein notwendiges Theater: eins, in dem zwischen Schauspieler und Publikum nur ein praktischer Unterschied besteht, aber kein grundlegender.

Beim Schreiben weiß ich nicht, ob es nur in winzigem Umfang und winzigen Gemeinschaften möglich sein wird, das Drama zu erneuern. Oder ob es auch im großen Umfang in einem großen Theater einer Hauptstadt möglich sein wird. Können wir im Rahmen der gegenwärtigen Bedürfnisse herausfinden, was Glyndebourne und Bayreuth unter durchaus anderen Umständen und mit ganz anderen Idealen geleistet haben? Das soll heißen, können wir ein homogenes Werk produzieren, das das Publikum formt, ehe es noch durch seine Türen gegangen ist? Glyndebourne und Bayreuth waren im Einklang mit ihrer Gesellschaft und den Klassen, die sie ansprachen.

Heute ist es schwer, sich auszumalen, wie ein vitales und notwendiges Theater anders als im Mißklang mit der Gesellschaft existieren könnte - da es nicht versucht, die angenommenen Werte zu feiern, sondern sie in Frage zu stellen. Jedoch ist der Künstler nicht aufgerufen anzuklagen, zu predigen oder zu hetzen, und am wenigsten als moralischer Evangelist Belehrungen zu erteilen. Er fordert sein Publikum wahrhaft heraus, wenn er der Stachel im Fleische eines Publikums ist, das entschlossen ist, sich selbst herauszufordern. Er feiert mit einem Publikum am besten, wenn er das Sprachrohr eines Publikums ist, das einen Grund zur Freude hat.

Wenn vor den Augen eines Publikums neue Phänomene geschaffen würden und das Publikum für sie zugänglich wäre, würde sich daraus eine mächtige Konfrontation ergeben. Und wenn sich so etwas ergäbe, dann würde sich das versprengt auftretende soziale Denken um gewisse Baßtöne sammeln; bestimmte tiefe Wünsche könnten von neuem empfunden, gedacht und bestätigt werden. Auf diese Weise würden die Teilungen zwischen positiver und negativer Erfahrung, zwischen Optimismus und Pessimismus bedeutungslos.

Zu einer Zeit, in der sich alles verschiebt, ist die Suche automatisch eine Suche nach Form. Die Zerstörung alter Formen, das Experimentieren mit neuen Formen: neuen Worten, neuen Beziehungen, neuen Orten, neuen Gebäuden: das gehört alles zum selben Prozeß, und jede individuelle Produktion ist nur ein einzelner Schuß auf ein ungesehenes Ziel. Es ist heutzutage töricht zu erwarten, daß eine einzelne Produktion, Gruppe, Stilrichtung oder Werklinie das herausbringen kann, was wir anstreben. Das Theater kann nur krebsartig in einer Welt fortschreiten, die sich ebensooft seitwärts wie rückwärts vorwärtsbewegt. Deshalb wird es auf lange Zeit hinaus

bestimmt keinen Weltstil für ein Welttheater geben -
wie es in den Theatern und Opernhäusern des neunzehnten Jahrhunderts der Fall war.

Aber nicht alles ist Bewegung, nicht alles ist Zerstörung, Unruhe und Mode. Es gibt auch Säulen der Be-
stätigung. Das sind die Augenblicke der Erfüllung, die
sich einstellen, plötzlich und irgendwo, die Ereignisse,
bei denen kollektiv ein totales Erlebnis, ein totales Theater aus Stück und Publikum Aufteilungen wie tödlich,
derb und heilig zum Unsinn reduziert. In diesen seltenen Augenblicken sind das Theater der Freude, das
der Katharsis, der Feier, der Forschung, des gemeinsam erlebten Gehalts und das lebendige Theater ein
und dasselbe. Ist es aber einmal vorbei, ist auch der
Augenblick vorbei und kann durch sklavische Imitation
nicht wieder eingefangen werden - das Tödliche kriecht
wieder hinein, und das Suchen beginnt von neuem.

Jedes Stichwort zum Handeln trägt in sich den Ruf
zurück zur Trägheit. Man denke an das heiligste aller
Erlebnisse - Musik. Musik ist das eine, was für eine
große Anzahl von Menschen das Leben erträglich macht.
Soundso viele Stunden Musik in der Woche erinnern die
Menschen daran, daß das Leben lebenswert sein könnte -
aber die Trostmomente stumpfen die Schneide ihrer Un-
zufriedenheit und machen sie geneigter, ein sonst un-
tragbares Leben hinzunehmen. Man denke an die ent-
setzlichen Greuelgeschichten oder an das Bild eines
napalmverbrannten Kindes, diese Schocks sind die rohe-
sten Erlebnisse - aber sie öffnen dem Beschauer die
Augen für die Notwendigkeit einer Aktion, die sie im
Augenblick des Geschehens irgendwie schon wieder
schwächen. Es ist, als ob das scharfe Erlebnis einer Not-

wendigkeit diese erhöht und im gleichen Atemzug auch schon versiegen läßt. Was ist zu tun?

Ich kenne einen ätzenden Test im Theater. Er ist buchstäblich ein ätzender Test. Wenn eine Aufführung vorbei ist, was bleibt dann übrig? Spaß ist vergeßbar, aber mächtige Empfindung verflüchtigt sich ebenfalls und gute Argumente verlieren ihr Gewinde. Wenn Gefühl und Argument an den Wunsch eines Publikums, deutlicher ins eigene Innere zu schauen, angeschlossen werden - dann brennt etwas im Hirn. Das Ereignis brennt einen Umriß in die Erinnerung, einen Geschmack, eine Spur, einen Geruch - ein Bild. Es ist das zentrale Bild des Stückes, das bleibt, seine Silhouette, und wenn die Elemente richtig gemischt sind, dann wird die Silhouette sein Sinn sein, dieses Gebilde wird die Substanz dessen sein, was es zu sagen hat. Wenn ich Jahre später an ein starkes Theatererlebnis denke, dann finde ich meinem Gedächtnis ein Kernstück eingegraben: zwei Landstreicher unter einem Baum, eine alte Frau, die einen Karren zieht, einen tanzenden Sergeanten, drei Leute auf einem Sofa in der Hölle - oder gelegentlich auch eine Spur, die tiefer ist als jede Bildvorstellung. Ich habe keine Hoffnung, mich an die Sinngehalte genau zu erinnern, aber vom Kern her kann ich eine Reihe von Bedeutungen rekonstruieren. Damit wäre dann ein Zweck erfüllt. Ein paar Stunden könnten mein Denken für den Rest meines Lebens umgestalten. Dies zu erreichen ist fast, aber nicht gänzlich unmöglich.

Beim Schauspieler hinterlassen seine Leistungen kaum je irgendwelche Narben. Jeder Schauspieler, der nach einer ungeheuren, Entsetzen erregenden Rolle in seiner Garderobe sitzt, ist entspannt und glücklich. Es ist, als sei es überaus gesund, wenn einen Menschen, der eine starke physische Leistung zu vollbringen hat, starke Empfindungen durchlaufen. Ich glaube, es ist gut für einen Menschen, ein Orchesterdirigent zu sein, gut für ihn, ein Tragöde zu sein: als Gattung erreichen sie regelmäßig ein hohes Alter. Aber ich glaube, sie müssen auch dafür büßen. Das Material, das man braucht, um diese gedachten Personen zu schaffen, die man wie einen Handschuh aufnehmen und abstreifen kann, ist das eigene Fleisch und Blut. Der Schauspieler gibt die ganze Zeit eigene Substanz. Es ist sein mögliches Wachstum, sein mögliches Verstehen, das er anzapft, und er benutzt dieses Material, um diese Personen zu wirken, die versinken, sobald das Stück beendet ist. Unsere Frage ist hier, ob verhindert werden kann, daß den Zuschauern dasselbe widerfährt. Kann das Publikum ein Mal der Katharsis zurückbehalten - oder ist ein warmes Gefühl des Wohlbefindens das Beste, was sich überhaupt erreichen läßt?

Selbst hier gibt es viele Widersprüche. Der Akt des Theaters ist eine Erlösung. Sowohl das Lachen als auch intensives Fühlen reinigen das System von manchem Schutt - in dieser Hinsicht sind sie das Gegenteil von Bahnbrechern, denn sie machen wie alle Läuterungen alles rein und neu. Aber sind die Erlebnisse, die befreien, und die Erlebnisse, die bleiben, so völlig voneinander geschieden? Ist es nicht eine Naivität zu glauben, daß sich das eine dem anderen widersetzt? Stimmt es nicht, daß in einer Erneuerung alles wieder möglich wird?

Es gibt viele rosarote alte Männer und Frauen. Es sind Menschen, die eine erstaunliche Energie haben, die aber gleichzeitig große Babys sind: unbeschrieben im Gesicht und im Wesen; nett, aber nicht erwachsen. Es gibt andere alte Leute, die nicht verbittert, nicht altersschwach sind: gefurcht, gezeichnet, verbraucht – die Wärme ausstrahlen, neu sind. Selbst Jugend und Alter können übereinander gelagert sein. Die wirkliche Frage für den alten Schauspieler ist die, ob er in einer Kunst, die ihn so erneut, auch ein neues Wachstum finden könnte, wenn er es aktiv wünschte. Die Frage an das Publikum, das von einem frohen Abend im Theater glücklich und erfrischt ist, ist auch die gleiche. Gibt es eine Möglichkeit darüber hinaus? Wir wissen, daß eine flüchtige Befreiung eintreten kann; kann auch etwas bleiben?

Hier fällt die Frage an den Zuschauer zurück. Möchte er denn einen Wechsel in seinem Zustand? Möchte er, daß in seinem Innern, seinem Leben, seiner Gesellschaft sich etwas ändert? Wenn nicht, dann braucht er das Theater als Ätzmittel, Vergrößerungsglas, Scheinwerfer oder Ort der Konfrontation gar nicht.

Andererseits braucht er vielleicht aber all das doch. In diesem Fall braucht er nicht nur das Theater, er braucht alles, was er dort haben kann. Er braucht dringend jene Brennspur, er braucht dringend, daß sie bleibt.

Wir sind bei einer Formel angelangt, einer Gleichung, die lautet: *R R A*. Um diese Buchstaben zu finden, müssen wir uns einer unerwarteten Quelle bedienen. Die französische Sprache verfügt nicht über die Wörter, die eine angemessene Übersetzung Shakespeares ermöglichen, aber seltsamerweise finden wir gerade in dieser Sprache drei täglich gebrauchte Wörter, die die Probleme und Möglichkeiten des Theaterereignisses wiedergeben.

Répétition, Représentation, Assistance. Die Wörter

funktionieren im Englischen ebenso. Aber wir sprechen allgemein von einer Probe: *Répétition* (Wiederholung) sagt der Franzose, und das Wort beschwört das Mechanische des Vorgangs herauf. Woche um Woche, Tag um Tag, Stunde um Stunde macht die Übung den Meister. Es ist eine Mühsal, ein Büffeln, eine Disziplin, es ist eine langweilige Tätigkeit, die zum guten Resultat führt. Wie jeder Athlet weiß, bringt die Wiederholung schließlich den Wandel: an ein Ziel gezäumt, von einem Willen getrieben, ist die Wiederholung schöpferisch. Es gibt Kabarettsänger, die einen neuen Song ein Jahr oder länger immer wieder üben, bevor sie wagen, ihn der Öffentlichkeit vorzutragen. Dann können sie den Song dem Publikum weitere fünfzig Jahre vortragen. Laurence Olivier wiederholt sich Dialogzeilen wieder und wieder, bis er seine Zungenmuskeln zum absoluten Gehorsam bringt - und damit totale Freiheit gewinnt. Kein Clown, kein Akrobat, kein Tänzer würde bezweifeln, daß Wiederholung die einzige Methode ist, um gewisse Handlungen möglich zu machen, und jeder, der die Herausforderung der Wiederholung verweigert, weiß, daß gewisse Ausdrucksbereiche ihm automatisch verschlossen sind. Zur gleichen Zeit ist *Répétition* aber ein Wort ohne Glanz, es ist ein Konzept ohne Wärme: die unmittelbare Assoziation ist die tödliche. Wiederholung sind die Klavierstunden, deren wir uns aus der Kindheit erinnern, die wiederholten Tonleitern, Repetition ist die musikalische Komödie auf Tournee, die automatisch mit der fünfzehnten Besetzung Handlungen wiederholt, die ihren Sinn und ihren Reiz verloren haben. Wiederholung ist das, was zu allem Sinnlosen in der Tradition führt: der seelenzerstörende lange Lauf, die Proben für die zweite Garnitur, alles, was feinfühlige Schauspieler verabscheuen. Diese Blaupausen-Imitationen sind leblos. Wiederholung leugnet das Leben. Es ist, als sähen wir in einem Wort den grundlegenden Widerspruch in der Theaterform. Damit sie sich formen kann, muß eine Sache vorbereitet werden, und die Vorbereitung bringt es oft mit sich, daß man immer wieder den gleichen Boden durchpflügen muß. Wenn man damit fertig ist, muß man es sich ansehen, und daraus mag sich die legitime Forderung ergeben, daß es noch mal und noch mal wiederholt werden muß. In dieser Wiederholung liegt der Keim zum Untergang.

Was kann diesen Widerspruch versöhnen? Hier haben die Franzosen das Wort für Aufführung - *Représentation* (Darstellung) -, das eine Antwort erhält. Eine ›Darstellung‹ ist die Gelegenheit, wo etwas dargestellt wird, wo etwas aus der Vergangenheit wieder gezeigt wird - etwas, das einmal war und jetzt ist. ›Darstellung‹ ist nicht eine Nachahmung oder Beschreibung eines vergangenen Geschehens, die ›Darstellung‹ verleugnet die Zeit. Sie hebt den Unterschied zwischen gestern und heute auf. Sie nimmt die gestrige Handlung und bringt sie wieder zum Leben in jedem ihrer Aspekte - einschließlich ihrer Unmittelbarkeit. Mit anderen Worten: eine ›Darstellung‹ ist, was sie zu sein behauptet - ein Präsent-Machen. Wir können sehen, inwiefern das eine Erneuerung des Lebens ist, das die ›Wiederholung‹ verweigert, und das trifft so sehr für die Probe wie für die Aufführung zu.

Will man den genauen Sinn davon erforschen, so hat man ein fruchtbares Feld. Es zwingt uns zur Erkenntnis, was lebendige Handlung meint, was in der unmittelbaren Gegenwart eine echte Geste ausmacht, welche Formen die falschen Gesten annehmen, was teilweise lebendig ist und was völlig künstlich - bis wir allmählich die tatsächlichen Faktoren definieren können, die den Akt der ›Darstellung‹ so schwierig machen. Und je mehr wir das untersuchen, desto mehr sehen wir, daß für die Entwicklung einer ›Wiederholung‹ zu einer ›Darstellung‹ noch etwas hinzukommen muß. Das Präsent-Machen kommt nicht von selbst, dazu bedarf es einer Hilfe. Diese Hilfe ist nicht immer zur Hand: aber ohne eine echte Hilfe wird das echte Präsent-Machen sich nicht einstellen. Wir fragen uns, was dieser notwendige Bestandteil sein könnte, und wir sehen uns eine Probe an, bei der die Schauspieler sich mit ihren scheußlichen ›Wiederholungen‹ plagen. Wir erkennen, daß ihre Arbeit in einem Vakuum sinnlos wäre. Hier finden wir einen Schlüssel. Er führt uns notwendig zur Vorstellung eines Publikums; wir erkennen, daß ohne Publikum kein Ziel gegeben ist und kein Sinn. Was ist ein Publikum? In der französischen Sprache hebt sich aus den verschiedenen Wörtern für die, die zusehen, für ›Publikum‹, für ›Zuschauer‹ ein Wort heraus, das sich qualitativ von den anderen unterscheidet. *Assistance* - ich nehme an einer Aufführung teil: *j'assiste à une pièce*. Assistieren - das Wort ist einfach: es ist der Schlüssel. Ein Schauspieler bereitet vor, er tritt in einen Ablauf ein, der sich auf jeder Bühne als leblos herausstellen kann. Er zieht aus, um etwas einzufangen, es Fleisch werden zu lassen. Bei der Probe kommt das lebenswichtige Element der *Assistance* vom Regisseur, der da ist, um durch Zusehen zu helfen. Wenn jedoch der Schauspieler vor ein Publikum tritt, dann findet er, daß die magische Verwandlung nicht durch Magie eintritt. Die Zuschauer starren vielleicht nur auf das Schauspiel und erwarten, daß der Schauspieler die ganze Arbeit leistet, und bei einem passiven Gaffen kann ihm aufgehen, daß er nichts anderes bieten kann als eine ›Repetition‹ der Proben. Das mag ihn tief verstören, er mag seinen ganzen guten Willen, seine Integrität und Leidenschaft dafür einsetzen, eine lebendige Atmosphäre zu schaffen, und doch spürt er die ganze Zeit eine Lücke. Er spricht von einem ›schlechten‹ Publikum. Gelegentlich an einem sogenannten ›guten Abend‹ trifft er auf ein Publikum, das irgendwie ein aktives Interesse und Leben in seine Zuschauerfunktion einfließen läßt - das Publikum leistet *Assistance*. Mit diesem Dabeisein, dem Dabeisein von Augen und Wünschen und Genuß und Konzentration wandelt sich *Répétition* zur *Représentation*. Dann trennt das Wort *Représentation* nicht mehr Schauspieler und Publikum, Schauspiel und Zuschauer: es umschließt sie, was für den einen präsent ist, ist es auch für den anderen. Auch die Zuschauer haben sich gewandelt. Das hat sich aus dem Leben außerhalb des Theaters ergeben, das im Wesen für eine besondere Arena, in der jeder Moment klarer und gespannter erlebt wird, repetitiv ist. Die Zuschauer assistieren dem Schauspieler, und zu gleicher Zeit kommt dem Publikum von der Bühne eine *Assistance* zurück.

Répétition, Représentation, Assistance. Diese Worte fassen die drei Elemente zusammen, die alle drei notwendig sind, damit die Szene lebendig wird. Aber noch fehlt die Substanz, weil jedwede drei Wörter statisch sind und jede Formel notwendigerweise ein Versuch, die Wahrheit für alle Ewigkeit zu erhaschen. Die Wahrheit im Theater ist immer auf Wanderschaft.

Wenn ihr dieses Buch lest, ist es schon überholt. Es ist für mich eine Übung, die jetzt auf dem Papierblatt erstarrt ist. Aber im Gegensatz zum Buch hat das Theater ein spezielles Charakteristikum. Es ist immer wieder möglich, von vorne anzufangen. Im Leben ist das ein Märchen: Wir selbst können nie zu etwas zurückkehren. Neue Blätter lassen sich nicht zurückschlagen, die Uhren gehen niemals rückwärts, wir haben nie eine zweite Chance. Im Theater wird die Tafel immer wieder leergewischt.

Im täglichen Leben ist ›wenn‹ eine Fiktion, im Theater ist ›wenn‹ ein Experiment.

Im täglichen Leben ist ›wenn‹ ein Ausweichen, im Theater ist es die Wahrheit.

Wenn wir uns durchgerungen haben, an diese Wahrheit zu glauben, dann sind Theater und Leben eins.

Das ist ein hohes Ziel.

Das Spielen erfordert viel Arbeit. Aber wenn wir die Arbeit als Spiel empfinden, dann ist sie keine Arbeit mehr.

Ein Spiel ist Spiel.

MAIN PRODUCTIONS

Theatre

1945	Man & Superman	Birmingham Repertory Theatre
	King John	
	The Lady from the Sea	
1946	Love's Labour's Lost	Stratford upon Avon
	The Brothers Karamazov	Lyric Theatre, London
	Vicious Circle	Arts Theatre, London
1947	Romeo & Juliet	Stratford upon Avon
	The Respectable Prostitute	Lyric Theatre, London
1950	Ring Round the Moon	Globe Theatre, London
	Measure for Measure	Stratford upon Avon
1951	Death of a Salesman	National Theatre, Brussels
	Penny for a Song	Haymarket Theatre, London
	Winter's Tale	Phoenix Theatre, London

1963	Sergent Musgrave's Dance	Théâtre de l'Athénée, Paris
	The Physicists	RST, Aldwych Theatre, London
1964	Marat/Sade	RST, Aldwych Theatre, London
1965	The Investigation	RST, Aldwych Theatre, London
1966	US	RST, Aldwych Theatre, London
1968	Oedipus	National Theatre, London
	International Centre of Research {	Théâtre des Nations, Paris
		RST, Aldwych Theatre, London
1970	A Midsummer's Night Dream	RST, Stratford Upon Avon
1971	Orghast	Persepolis
1974	Timon of Athens	Les Bouffes du Nord, Paris
1975	The Ik	Les Bouffes du Nord, Paris
1977	Ubu	Les Bouffes du Nord, Paris
1978	Anthony and Cleopatre	RST, Stratford Upon Avon
1978	Measure for Measure	Les Bouffes du Nord, Paris

1979	The Conference of the Birds	Festival d'Avignon, France
1981	The Cherry orchard	Les Bouffes du Nord, Paris
	The Tragedy of Carmen	Les Bouffes du Nord, Paris
1982	The Tragedy of Carmen	Les Bouffes du Nord, Paris
1983	The Cherry Orchard	Les Bouffes du Nord, Paris

Opera

1948/	La Bohème	
1949	Boris Godounov	
	The Olympians	Covent Garden, London
	Salomé	
	Le Mariage de Figaro	
1953	Faust	Metropolitan Opera, New York
1957	Eugene Onegin	Metropolitan Opera, New York

Films

1953	The Beggar's Opera
1960	Moderato Cantabile
1963	Lord of the Flies
1967	Marat/Sade
	Tell me Lies
1969	King Lear
1978	Meetings with Remarkable Men
1983	The Tragedy of Carmen